新时代新理念职业教育教材·铁道运输类
铁道交通运营管理、高速铁路客运服务专业教材
“课程思政”建设探索教材
校企“双元”合作开发教材

铁路客运班组管理

主　编　王　涛
副主编　王　丹　张　颖

北京交通大学出版社
·北京·

内容简介

为贯彻立德树人根本任务，本书将思政元素融入铁路客运班组管理知识与技能的论述中。本书对班组民主集中管理、工种岗位管理、生产现场管理、安全应急管理、质量标准管理、经济核算管理、学习培训管理进行全面、系统介绍，旨在帮助读者对铁路客运班组管理形成整体认识。

本书适合作为职业院校铁道交通运营管理、高速铁路客运服务等专业的教材，也可作为铁路运输企业职工培训教材。

图书在版编目（CIP）数据

铁路客运班组管理／王涛主编．—北京：北京交通大学出版社，2022.1（2023.8重印）
ISBN 978-7-5121-4618-1

Ⅰ.①铁… Ⅱ.①王… Ⅲ.①铁路运输-客运服务-班组管理 Ⅳ.①F530.64

中国版本图书馆 CIP 数据核字（2021）第 230383 号

铁路客运班组管理
TIELU KEYUN BANZU GUANLI

策划编辑：刘　辉　　责任编辑：刘　辉
出版发行：北京交通大学出版社　　电话：010-51686414　　http：//www.bjtup.com.cn
地　　址：北京市海淀区高梁桥斜街 44 号　　邮编：100044
印 刷 者：北京时代华都印刷有限公司
经　　销：全国新华书店
开　　本：185 mm×260 mm　　印张：9　　字数：217 千字
版 印 次：2022 年 1 月第 1 版　　2023 年 8 月第 2 次印刷
定　　价：39.80 元

本书如有质量问题，请向北京交通大学出版社质监组反映。对您的意见和批评，我们表示欢迎和感谢。
投诉电话：010-51686043，51686008；传真：010-62225406；E-mail：press@bjtu.edu.cn。

前　言

铁路客运班组是铁路运输企业的基层单位，铁路运输生产依托铁路客运班组具体实施，铁路客运班组管理水平直接关系到铁路“大联动机”的运转。本书作为铁道交通运营管理、高速铁路客运服务专业的教材，从充分发挥基层党组织——铁路客运班组党支部的战斗堡垒作用这一角度，向未来的铁路客运职工进行班组管理知识与技能的介绍。本书具体编写路径如下：模块 1 通过介绍中国铁路的管理体系，使青年学生对铁路行业和职业有具体的感性认识；模块 2 对铁路班组的基础知识进行了介绍。模块 3 对铁路客运班组民主集中管理进行了全面、系统叙述。模块 4、5、6、7、8、9 从工种岗位管理、生产现场管理、安全应急管理、质量标准管理、经济核算管理、学习培训管理 6 个方面对铁路客运班组管理进行了多角度分析。铁路客运班组党支部通过“三会一课”等党的组织生活基本制度，在思想政治管理、日常职能管理等领域，凝聚党员的战斗力，带领群众心往一处想，劲往一处使，发挥完成班组各项生产经营任务的战斗堡垒作用。本书帮助青年学生对新时期铁路班组党支部领导班组各项工作的作用、意义产生理性认识，引发他们深入理解党在国家各项工作中的领导作用，进而在内心深处做到听党话、跟党走。

由于编者水平有限，本书不足之处在所难免，恳请广大读者批评、指正。索取本书相关教学资源，可与出版社编辑刘辉联系（E-mail：cbslh@ jg. bjtu. edu. cn；QQ：39116920）。

编　者

2022. 1

前 言

目　录

模块 1
中国铁路的管理体系

◆学习笔记◆

1.1　中国铁路的管理体制

改革开放以来，中国铁路管理体制改革划分为政企合一、政企分开、公司制改革三个时期。

1. 政企合一

（1）1998 年之前，中国铁路实行政企合一的管理体制，铁道部既是政府行政管理部门又承担铁路线路建设、设备生产、运输经营、社会服务等职责。1998 年国家机构改革时，《国务院办公厅关于印发铁道部职能配置、内设机构和人员编制规定的通知》（国办发〔1998〕85 号）中指出：铁道部实行政企分开，根据行业特点和当前实际，通过改革界定政府管理职能、社会管理职能、企业管理职能并逐步分离。至此，中国铁路开始政企分开的体制改革，这个过程时间较长，在 2013 年，中国铁路总公司成立前，中国铁路的管理体制仍是事实意义上的政企合一管理体制。

①2000 年，铁路工程局剥离。

②2003 年，铁路系统启动“网运合一、区域竞争”模式改革。2003 年下半年，铁路部门开展主辅业分离的改革。2004 年，铁路医院开始剥离。

③2005 年 3 月 18 日，全国 41 个铁路分局全部被撤销，铁路从“铁道部—铁路局—铁路分局—站段”的管理体制，进入“铁道部—铁路局—站段”的三级管理体制。

（2）2008 年 3 月，根据《国务院关于机构设置的通知》（国发〔2008〕11 号），经第十一届全国人民代表大会审议批准的国务院机构改革方案中确定保留铁道部。国务院办公厅于 2009 年 3 月 2 日印发了《国务院办公厅关于印发铁道部主要职责、内设机构和人员编制规定的通知》（国办发〔2009〕19 号）。

2. 政企分开

1）完成政企分开

2013 年 3 月，中国铁路总公司成立。根据第十二届全国人民代表大会第一次会议审议的《国务院关于提请审议国务院机构改革和职能转变方案》的议案，铁道部实行政企分开改革，具体规定如下。

（1）将铁道部拟定铁路发展规划和政策的行政职责划入交通运输部。

◆学习笔记◆

（2）组建国家铁路局，由交通运输部管理，属国务院部委管理的国家局，行政级别为副部级，承担铁道部的其他行政职责，负责拟订铁路技术标准，监督管理铁路安全生产、运输服务质量和铁路工程质量等。

（3）组建中国铁路总公司，承担铁道部的企业职责。

（4）不再保留铁道部。

2013 年 3 月 17 日早上 7 时许，“中国铁路总公司”的牌子在北京市西长安街复兴路 10 号悄然换上，原铁道部牌匾被撤下。

2013 年铁路体制改革方案示意图如图 1-1 所示。

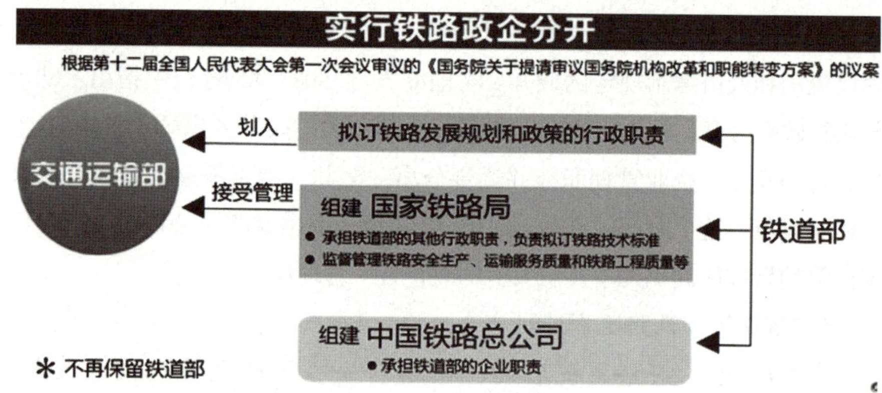

图 1-1　2013 年铁路体制改革方案示意图

2）启动公司制改革

2017 年 3 月，中国铁路总公司初步确定公司制改革计划分为三步走，第一步是对中国铁路建设投资公司等非运输类企业进行公司制改革，第二步是让全国 18 个铁路局进行公司制改革，而第三步就是中国铁路总公司本身进行公司制改革。

2017 年 11 月 19 日，中国铁路总公司下属的 18 个铁路局完成企业身份转换，改制为集团有限公司。标志着铁路公司制改革取得重要成果，为国铁实现从传统运输生产型企业向现代运输经营型企业发展迈出了重要一步。

3. 公司制改革

2019 年 6 月 18 日，经国务院批准同意，中国铁路总公司改制成立中国国家铁路集团有限公司。中国国家铁路集团有限公司（简称“国铁集团”）是经国务院批准、依据《中华人民共和国公司法》设立、由中央管理的国有独资公司。经国务院批准，公司为国家授权投资机构和国家控股公司。至此，铁路系统的公司制改革初步完成。

◆学习笔记◆

1.2　中国铁路的组织机构

1. 铁路行政管理机构

1）中华人民共和国交通运输部

中华人民共和国交通运输部（简称交通运输部）涉及铁路行政管理的职责如下。

（1）负责推进综合交通运输体系建设，统筹规划铁路、公路、水路、民航及邮政行业发展，建立与综合交通运输体系相适应的制度、体制、机制，优化交通运输主要通道和重要枢纽节点布局，促进各种交通运输方式融合。

（2）负责组织拟订综合交通运输发展战略和政策，组织编制综合交通运输体系规划，拟订铁路、公路、水路发展战略、政策和规划，指导综合交通运输枢纽规划和管理。

（3）负责组织起草综合交通运输法律法规草案，统筹铁路、公路、水路、民航、邮政相关法律法规草案的起草工作。

（4）负责拟订综合交通运输标准，协调衔接各种交通运输方式标准。

（5）管理国家铁路局、中国民用航空局、国家邮政局，并按有关规定管理国家铁路局、中国民用航空局、国家邮政局机关党的工作。

铁路发展规划和政策的行政职责归入交通运输部的相关司局机构。铁路发展规划和政策之外的其他行政职责由交通运输部管理的国家局——国家铁路局承担。

2）国家铁路局

（1）国家铁路局的主要职责。

国家铁路局主要职责如图 1-2 所示。

（2）国家铁路局的组成机构。

①内设机构。综合司（外事司）、科技与法制司、安全监察司、运输监督管理司、工程监督管理司、设备监督管理司、人事司、直属机关党委。

②地区监管局。

沈阳铁路监督管理局（负责中国铁路哈尔滨局集团有限公司、中国铁路沈阳局集团有限公司管界内的相关铁路监督管理工作）。

◆学习笔记◆

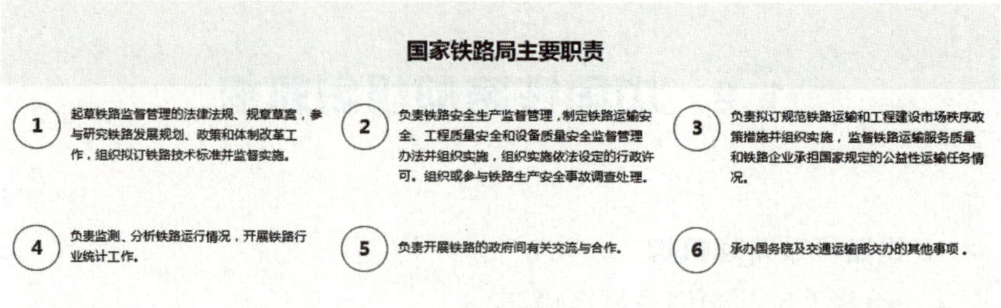

图 1-2 国家铁路局主要职责

上海铁路监督管理局（负责中国铁路济南局集团有限公司、中国铁路上海局集团有限公司、中国铁路南昌局集团有限公司管界内的相关铁路监督管理工作）。

广州铁路监督管理局（负责中国铁路广州局集团有限公司、中国铁路南宁局集团有限公司管界内的相关铁路监督管理工作）。

成都铁路监督管理局（负责中国铁路成都局集团有限公司、中国铁路昆明局集团有限公司管界内的相关铁路监督管理工作）。

武汉铁路监督管理局（负责中国铁路郑州局集团有限公司、中国铁路武汉局集团有限公司管界内的相关铁路监督管理工作）。

西安铁路监督管理局（负责中国铁路太原局集团有限公司、中国铁路呼和浩特局集团有限公司、中国铁路西安局集团有限公司管界内的相关铁路监督管理工作）。

兰州铁路监督管理局（负责中国铁路兰州局集团有限公司、中国铁路乌鲁木齐局集团有限公司、中国铁路青藏集团有限公司管界内的相关铁路监督管理工作）。

北京铁路督察室（负责中国铁路北京局集团有限公司管界内的相关铁路监督管理工作）。

③事业单位。信息中心、安全技术中心、装备技术中心、工程质量监督中心、市场监测评价中心、规划与标准研究院、机关服务中心。

2. 中国国家铁路集团有限公司组织架构

中国国家铁路集团有限公司注册资本为 17 395 亿元，由财政部代表国务院履行出资人职责。

根据《中国共产党章程》的规定，公司设立中共中国国家铁路集团有限公司党组，发挥领导作用，把方向、管大局、保落实，依照规定讨论和决定公司重大事项。

◆学习笔记◆

中国国家铁路集团有限公司以铁路客货运输为主业，实行多元化经营。负责铁路运输统一调度指挥，统筹安排路网性运力资源配置，承担国家规定的公益性运输任务，负责铁路行业运输收入清算和收入进款管理。自觉接受行政监管和公众监督，负责国家铁路新线投产运营的安全评估，保证运输安全，提升服务质量，提高经济效益，增强市场竞争能力。坚持高质量发展，确保国有资产保值增值，推动国有资本做强做优做大。

中国国家铁路集团有限公司机关和所属单位组织机构情况如下。

1）中国国家铁路集团有限公司本级机构情况

（1）内设机构（27个）。办公厅（党组办公室、董事会办公室）、发展和改革部、企业管理和法律事务部、财务部、科技和信息化部（总工程师室）、人事部（党组组织部）、劳动和卫生部、国际合作部（港澳台办公室）、经营开发部、物资管理部、运输统筹监督局（总调度长室）、客运部、货运部、调度部、机辆部、工电部、建设管理部、安全监督管理局、审计和考核局、监察局（与党组纪检组合署办公）、宣传部（党组宣传部）、党组巡视工作领导小组办公室、中华全国铁路总工会、全国铁道团委、直属机关党委、离退休干部局、川藏铁路建设工程建设总指挥部（领导小组）办公室。

（2）直属机构（3个）。工程管理中心、工程质量监督管理局（工程管理中心、工程质量监督管理局实行合署办公）、资金清算中心（与中国铁路财务有限责任公司为一个机构两块牌子）、档案史志中心。

（3）派出机构（12个）。安全监督管理特派员办事处（6个）：分别在沈阳、北京、武汉、上海、成都、兰州各设1个。审计特派员办事处（6个）：分别在沈阳、北京、武汉、上海、成都、兰州各设1个。

（4）国务院授权管理机构：铁路公安局（目前铁路公安管理体制正在改革当中）。

2）中国国家铁路集团有限公司所属单位设立情况

中国国家铁路集团有限公司实行两级法人（中国国家铁路集团有限公司、铁路局集团有限公司）、三级管理（中国国家铁路集团有限公司—铁路局集团有限公司—站段）。

截至2018年末，中国国家铁路集团有限公司下设18个铁路局集团有限公司（设置运输站段845个），3个专业运输公司等34家企业，3个事业单位。

◆学习笔记◆

（1）所属企业。

①铁路局集团有限公司（18 个）。中国国家铁路集团有限公司下设的 18 个铁路局集团有限公司如表 1-1 所示。

表 1-1 中国国家铁路集团有限公司下设的 18 个铁路局集团有限公司

1	中国铁路哈尔滨局集团有限公司	10	中国铁路上海局集团有限公司
2	中国铁路沈阳局集团有限公司	11	中国铁路南昌局集团有限公司
3	中国铁路北京局集团有限公司	12	中国铁路广州局集团有限公司
4	中国铁路太原局集团有限公司	13	中国铁路南宁局集团有限公司
5	中国铁路呼和浩特局集团有限公司	14	中国铁路成都局集团有限公司
6	中国铁路郑州局集团有限公司	15	中国铁路昆明局集团有限公司
7	中国铁路武汉局集团有限公司	16	中国铁路兰州局集团有限公司
8	中国铁路西安局集团有限公司	17	中国铁路乌鲁木齐局集团有限公司
9	中国铁路济南局集团有限公司	18	中国铁路青藏集团有限公司

②川藏铁路有限公司。

③专业运输公司（3 个）。中铁集装箱有限责任公司、中铁特货物流股份有限公司、中铁快运股份有限公司。

④其他企业（12 个）。中国铁路投资有限公司、中国铁道科学研究院集团有限公司、中国铁路经济规划研究院有限公司、中国铁路信息科技有限责任公司、中国铁路设计集团有限公司、中国铁路国际有限公司、铁总服务有限公司、中国铁道出版社有限公司、《人民铁道》报业有限公司、中国铁路专运中心、中国铁路文工团、中国火车头体育工作队。

（2）事业单位（3 个）。铁道党校、中国铁道博物馆、铁道战备舟桥处。

3）控股、参股企业

经国务院批准，国铁集团为国家授权投资机构和国家控股公司。

中国铁路投资有限公司（中国铁投）作为中国国家铁路集团有限公司直属全资企业，承担国铁集团授权范围内的国有资本投资和资产管理、铁路资产资源开发及金融保险服务等职能。

中国铁投前身为原铁道部 1994 年设立的中铁建设开发中心；2004 年，开发中心与中国铁路对外服务总公司（1982 年成立）重组，设立中国铁路建设投资公司；2018 年 3 月，按照铁路公司制改革要求，中国铁路建设投资公司与中国铁路发展基金股份有限公司、中国铁路财产保险自保有限公司重组，成立中国铁路投资有限公司。

以上对中国国家铁路集团有限公司代表的国家铁路系统进行了详细介绍，中国国家铁路集团有限公司是庞大的中国铁路运输体系的核心与骨架，在国家铁路系统之外，还有地方铁路系统，地方铁路系统是中国铁路运输体系的重要组成部分。

地方铁路系统主要由省、自治区、直辖市所属的地方铁路公司组成。依省级政府的授权，在法律规定的范围内从事铁路运输活动，独立经营，独立核算，独立承担法律责任。

3. 其他涉路单位

除铁路行政管理机构（交通运输部、国家铁路局）、铁路运输企业（国家铁路运输企业、地方铁路运输企业）外，中国的铁路系统还包括以下组成部分。

1）铁路建设施工单位

中国铁路工程集团有限公司、中国铁道建筑集团有限公司等。

2）铁路装备制造单位

中国中车集团有限公司、中国铁路通信信号集团有限公司等。

3）铁路物资采购供应单位

中国铁路物资集团有限公司（2021 年 12 月，中国铁路物资集团有限公司与中国诚通控股集团有限公司物流板块整合为中国物流集团有限公司）等。

4）铁路教育科研单位

铁路行业特色本科、高职、中职、技工学校等教育机构，中国铁道科学研究院集团有限公司等科研机构。

5）铁路公检法单位

铁路公安局、铁路运输法院、铁路运输检察院等。

4. 国家铁路局与国铁集团的区别

国铁集团管辖着 18 个铁路局集团有限公司，承担着全国的铁路运输任务，承担铁道部的企业职责。国家铁路局承担铁道部的部分行政职责，隶于交通运输部。

1）行政级别不同

国铁集团为正部级央企单位；国家铁路局属国务院部委管理的国家局，行政级别为副部级。

2）存在形式不同

国铁集团以央企性质存在，归国务院管理；国家铁路局以政府机构的形式存在并隶属于交通运输部。

3）职权不同

国铁集团是享有生产经营自主权的市场主体机构。国家铁路局作为政府行政机构，起到行业规划和市场监管的作用。

5. 铁路运输企业典型实体分析——铁路局集团有限公司

铁路局集团有限公司（简称铁路局）是新中国成立后，铁路系统

◆学习笔记◆

长期存在的铁路实体运营机构，在整个铁路体系中具有承上启下、集宏微观于一体的特点，同时又是最主要的铁路职业岗位提供单位，因而铁路局具有典型分析意义。

本书以中国铁路广州局集团有限公司为例，对铁路局集团有限公司的情况进行详细介绍。

1958，广州铁路局成立。1993 年 2 月，经国务院批准，在原广州铁路局的基础上组建了全国第一家铁路运输企业集团——广州铁路（集团）公司。

成立于 2017 年 11 月的中国铁路广州局集团有限公司（以下简称“广铁集团”），其前身便是广州铁路（集团）公司。截至 2019 年 12 月底，广铁集团总资产 6 786 亿元，职工总数 16.02 万人。

1）管辖范围

广铁集团主要管辖广东、湖南、海南三省铁路，截至 2019 年 12 月底，其总营业里程为 10 536 km（不含地方铁路 330 km），居全路第四位，其中时速 200 km 及以上铁路 4 752 km，居全路第二位。管内共有车站 673 个，其中客运营业站 228 个，2019 年日均开行旅客列车 807 对（其中动车组列车 608 对），日均发送旅客 145.8 万人，最高日发送旅客 274.9 万人；货运营业站 254 个，2019 年货运日均装车 5 101 辆，最高日装车 6 287 辆，日均发送货物 28.8 万 t，最高日发送货物 35.5 万 t。

2）经营宗旨和经营范围

（1）经营宗旨：公司坚持中国共产党的领导，自觉执行党和国家方针政策，遵守国家法律法规，践行以人民为中心的发展思想，服务国家经济社会发展大局，服从运输调度的统一指挥，承担安全生产、市场经营、建设管理、队伍建设和资产保值增值的主体责任，是自主经营、自负盈亏、自担风险、自我约束、自我发展的铁路运输企业。

（2）经营范围：铁路客货运输及相关服务业务；铁路运输设备、设施、配件的制造、安装、维修、租赁；铁路专用设备及相关工业设备的制造、安装、维修、销售、租赁；组织管理铁路客货运输、科技与其他实业开发；承办陆运进出口业务的国际货物运输代理业务；铁路内外建筑工程的勘测设计、施工和维修；专业技术人员继续教育培训；旅业；餐饮服务；质检技术服务，仪器仪表维修；工程总承包及管理；工程设计；国内货运代理；普通货运；装卸搬运；仓储；房地产开发和经营；自有房屋租赁；物业管理；建筑装饰装修工程；商务信息咨询；铁路运输技术领域技术开发、转让、服务、咨询；铁路机械设备租赁；工程管理服务；信息系统集成、研发和服务；建筑用花岗岩等石料开采；花卉苗木种植、销售、租赁；设计、制作、代理、发布各类广告。

3）机构设置

广铁集团设置行政职能管理机构 28 个（其中 1 个列党群系统编制），党群机构 8 个，行政附属机构 29 个，生产机构 1 个，派出机构 8 个，直属单位 20 个。拥有 28 家控股（参股）合资公司（不含广州电力机车有限公司）。其中，控股的广深铁路股份有限公司是中国铁路目前唯一一家在内地、香港和纽约挂牌上市的股份制企业。

广铁集团高层管理人员情况见表 1-2。

表 1-2　广铁集团高层管理人员情况

党委书记、董事长	总经理、党委副书记	党委副书记	纪委书记	工会主席、副总经理	副总经理	总会计师
1 人	1 人	1 人	1 人	1 人	8 人（其中 3 人分别兼香港、长沙、海口铁路办事处主任）	1 人

（1）集团公司机关。

①行政职能管理机构 28 个（见表 1-3）。

表 1-3　行政职能管理机构

办公室（董事会办公室）	企业管理和法律事务部
科技和信息化部（总工程师室）	运输部
客运部	货运部
机务部	车辆部
工务部	电务部
供电部	安全监察室（铁路安全监督管理办公室）
设备监造部	计划统计部
财务部（收入部）	人事部
劳动和卫生部	审计部
建设部	物资部
经营开发部	职工培训部
土地房产部	保卫部（人民武装部）
社会保险部	离退休管理部
对外合作部	监察处（与集团公司纪委合署办公，列党群系统编制）

②行政附属机构 29 个（见表 1-4）。

◆学习笔记◆

表 1-4 行政附属机构

机辆检测所	工电检测所
客票管理所	统计和节能环保所
机要通信室（保密室）	档案史志室
法律服务所	安全监察大队（长沙、怀化、深圳、惠州、肇庆、海口、广州、衡阳、株洲、张家界、娄底）
收入稽核大队	资金结算所（财务集中核算管理所）
人才交流培训站	职业技能鉴定指导站（劳动力调剂站）
审计室（广州、长沙）	铁路客户服务中心
货运受理服务中心	工程质量监督站
概预算审查所	卫生监督所（广州、长沙、海口）
物资设备采购供应所	房产管理所（土地管理办公室）（广州、长沙）
战备所（武器库）	合资铁路管理办公室
护路联防办公室	社会保险管理办公室
离退休人员管理办公室	运输施工管理办公室
防洪指挥部办公室（绿化办）	资产运营监督所
自轮运转特种设备和防火安全办公室	

③生产机构 1 个：调度所。

④派出机构 8 个：长沙铁路办事处、海口铁路办事处、香港铁路办事处、株洲机车监造项目部、广州车辆监造项目部、株洲车辆监造项目部、株洲（时代）机车监造项目部、江门车辆监造项目部。

（2）运输站段（65 个）。

①国铁运输站段 35 个（见表 1-5）。

表 1-5 国铁运输站段

株洲站	株洲北站
长沙站	长沙南站
衡阳车务段	长沙车务段
娄底车务段	怀化车务段
张家界车务段	长沙客运段
株洲机务段	长沙机务段
怀化机务段	广州机车检修段
株洲车辆段	长沙车辆段
广州动车段	长沙供电段
怀化供电段	衡阳供电段
长沙高铁工务段	娄底工务段

◆学习笔记◆

续表

长沙工务段	衡阳工务段
怀化工务段	张家界工务段
永州工务段	广州工务大修段
广州大型养路机械运用检修段	长沙电务段
怀化电务段	衡阳电务段
广州通信段	长沙货运中心
怀化货运中心	

②合资公司运输站段 30 个（见表 1-6）。

表 1-6　合资公司运输站段

广深股份公司 18 个：广州站、广州南站、广州东站、江村站、深圳站、深圳北站、广州车务段、广州机务段、广州车辆段、广州北车辆段、广州南高铁工务段、广州工务段、广州电务段、广州供电段、深圳供电段、广州客运段、广九客运段、广州货运中心
广梅汕铁路有限责任公司 5 个：惠州车务段、龙川机务段、惠州工务段、惠州电务段、惠州货运中心
三茂铁路股份公司 4 个：肇庆车务段、肇庆工务段、肇庆信号水电段、佛山货运中心
海南铁路有限公司 3 个：海口车务段、海口综合维修段、海口机辆轮渡段

（3）运输辅助单位（5 个）。

①国铁单位 2 个：长沙房建公寓段、怀化房建公寓段。

②合资公司 3 个：广州房建公寓段（隶属广深股份公司）、惠州房建公寓段（隶属广梅汕公司）、海口房建公寓段（隶属海南铁路有限公司）。

（4）非运输企业（16 个）。

广东羊城铁路实业有限公司、广州铁路物资有限公司（广州物资供应段）、广东铁青国际旅行社有限责任公司、广州铁路站车服务有限公司、广州瑞威经济发展有限公司、广东广铁华南建设监理有限公司、广州铁路文化广告有限公司、广州北羊信息技术有限公司、深圳广铁土木工程有限公司、广州铁路地产置业有限公司、长沙铁路实业发展有限公司、湖南铁路联创技术发展有限公司、广州铁道车辆有限公司、中国铁路（香港）控股有限公司、启文贸易有限公司、广州铁路科技开发有限公司。

（5）其他直属单位（20 个）。

①职工培训基地 4 个：广州、衡阳、株洲、怀化职工培训基地。

◆学习笔记◆

②疾病预防控制所2个：广州、长沙疾病预防控制所。

③工程建设管理机构8个：工程管理所、长沙工程建设指挥部、怀化工程建设指挥部、广州工程建设指挥部（佛山西站工程建设指挥部）、深圳工程建设指挥部、江门工程建设指挥部、海口工程建设指挥部、职工住房建设指挥部。

④其他单位6个：融媒体中心、信息技术所、机关事务部、派驻湖南省护路联防办公室、驻琼护路联防办公室、广州城市管理大队（广州市城市管理综合执法局铁路分局）。

（6）合资铁路公司。

①运营合资铁路公司15家，具体包括：广深铁路股份有限公司、三茂铁路股份有限公司、广梅汕铁路有限责任公司、石长铁路有限责任公司、海南铁路有限公司（海口铁路办事处、海口工程建设指挥部）、厦深铁路广东有限公司、沪昆铁路客运专线湖南有限责任公司、赣韶铁路有限公司、广东广珠城际轨道交通有限责任公司、广珠铁路有限责任公司、茂湛铁路有限责任公司、湖南城际铁路有限公司、贵广铁路有限责任公司、南广铁路有限责任公司、深圳平南铁路有限公司。

②在建合资铁路公司12家，具体包括：广东珠三角城际轨道交通有限公司、怀邵衡铁路有限责任公司、黔张常铁路有限责任公司、广东深茂铁路有限责任公司、荆岳铁路有限责任公司、广州南沙港铁路有限责任公司、广东梅汕客运专线有限责任公司、广州东北货车外绕线铁路有限责任公司、中铁（惠州）铁路有限公司、中铁（阳江）铁路有限公司、中铁（罗定岑溪）铁路有限责任公司、广东广汕铁路有限责任公司。

③其他参股合资公司1家：广州电力机车有限公司。

4）铁路局六大系统

铁路局六大系统为车务段、机务段、工务段、电务段、车辆段、客运段。下面进行具体介绍。

（1）车务段。

车务段是铁路行车系统的重要单位之一，负责列车运营控制指挥及列车在车站范围内的调度工作。车务段管理车站货运等业务，管辖辖区内的各大小车站，客运的计划和收入，列车的运行监控。保证客运、货运的正常运营，指挥列车、机车的运行，保证运营收入的正常回收。一般特等站和一等站由铁路局直属管理，与车务段平级；二等及二等以下车站由车务段管辖。车务段一般内设安全科、技术科、运输调度科、营销科、职工教育科、总务科、劳动人事科、财务科和行政办公室、党群工作办公室等管理机构。

车务段主要岗位：段长、副段长、科长、副科长、车站值班主任、车站值班员、助理值班员、车站（场）调度员、调车区长（调度助理）、调车长、连结员、制动员。

（2）机务段。

机务段是铁路运输系统的主要行车部门，是负责铁路机车（俗称“火车头”）的运用、综合整备、整体检修（一般为中修、段修）的行车单位。通俗地说，机务段就是“开火车”和“修火车”的单位，属于一线行车单位。机务段一般设置在重要的铁路枢纽城市或重要的货运编组站附近，主要担当旅客列车、货运列车、行包列车或专运任务的动力牵引任务。机务段下设若干个机务车间，同时还有检修车间、整备车间、设备车间及各职能科室。

机务段主要分三种类型：①客运机务段（以担当旅客列车牵引为主），如北京铁路局北京机务段（京局京段）；②货运机务段（以担当货运列车牵引为主），如哈尔滨铁路局齐齐哈尔机务段（哈局齐段）；③综合机务段（以担当货运列车牵引为主，担当部分旅客列车牵引），如沈阳铁路局通辽机务段（沈局辽段）。

机务段主要岗位：段长、副段长、科长、副科长、机车乘务员（司机、学习司机、地勤司机）、机车钳工、机车电工、制动钳工、内燃机装试工。

（3）工务段。

工务段是铁路系统的基层单位，负责铁路线路及桥隧设备的保养与维修工作。工务段实行段、车间、班组三级管理制度，下设若干线路车间、桥梁车间、重点维修车间、综合机修车间、运输车间等专业车间。铁路巡道，铁路道口的看守，都属于工务段职责范围。

工务段主要岗位：段长、副段长、科长、副科长、线路（桥隧）车间主任、线路（桥隧）工区工长（班长）、线路工、桥隧工、巡道工、看守工、道口工、探伤工。

（4）电务段。

电务段是铁路系统的一个重要机构，是负责管理和维护列车在运行途中的地面信号与机车信号，以及道岔正常工作的单位，通俗地说，就是负责“铁路交通红绿灯”的单位。电务段的职责是维护信号设备，

◆学习笔记◆

使信号正常显示；维护转辙机及道岔，使道岔扳动正常，确保列车正常运行。电务段下设车间，车间下设工区。工区为电务段最基层的单位，一般设在较大的车站，在小车站设值班室，配置值班人员维护、管理信号设备。

电务段主要岗位：段长、副段长、科长、副科长、车间主任、工长、值班员、信号工。

(5) 车辆段。

车辆段是铁路行车系统的重要单位之一，主要负责列车车辆（不包括机车）的运营、整备、检修等工作。国铁集团运输统筹局车辆部为铁路车辆系统最高级别单位，各铁路局设立车辆部，车辆部下设若干个车辆段，车辆段下设运用（乘务）车间、检修（定检）车间、库检车间、设备车间、运用班组等。检修、库检等车间设在段内，负责车辆的定期（周期）检修。运用车间一般设在铁路区段站上，负责过往列车的检查和不摘车修理。

车辆段主要岗位：段长、副段长、科长、副科长、车间主任、工长、检车员、车辆电工、车辆钳工。

(6) 客运段。

客运段是铁路系统的重要组成部分之一，主要负责旅客列车工作人员的管理工作。客运段担当本局管内的旅客列车的服务（包括旅客列车乘务工作和餐饮服务）。

一般铁路局所在地设有客运段，一些省会城市及较重要的城市也设有客运段。客运段一般内设安全技术科、餐饮业务科、乘务管理科、职工教育科、总务科、劳动人事科、财务科，以及行政办公室、党群工作办公室等管理机构。客运段下设若干个乘务车间（旅服车间）。乘务车间（旅服车间）下辖若干个乘务车队。乘务车队为客运段最基层单位，一般设在铁路局所在地、重要的省会城市及较重要城市。在铁路枢纽车站附近设有乘务员公寓，为相关工作人员提供休息场所。

客运段主要岗位：段长、副段长、科长、副科长、客运乘务车间主任、乘务车队队长、列车员（乘务员）、列车售货员、列车餐饮服务员、广播员等。

◆学习笔记◆

1.3　中国铁路的行业特征

铁路运输企业是社会化大生产的典型代表，铁路运输企业点多线长、互联成网，跨越广阔的地域。为了完成运输生产任务，要求车、机、工、电、辆、信各系统、各部门、各单位和各工种紧密联系、协同动作。因此，我们通常将铁路表述为具有高度集中、大联动机、半军事化特征的行业，将铁路企业描述为“高、大、半”性质的企业。

1. 高度集中

高度集中是由铁路的自然属性所决定的。

（1）从自然结构上看，铁路点多线长、纵横交织、连片成网，基层单位和人员流动分散，遍布全国各地，属典型的网络型产业，具有规模型、范围型经济和网络型结构的特性。这一特性决定了铁路只有保持路网功能的完整性和运输组织的统一性，实行一体化的规范运作，才能有效发挥路网的整体功能，维护正常的运输生产秩序，释放和发展运输生产力，保证有限运力资源的使用达到最高的效率和最佳的效益。

（2）从运输管理上看，在我国四通八达的铁路网上，每天有成千上万的客货列车昼夜不间断地快速运行，运输组织和日常管理极为复杂，必须实行集中统一指挥，按照科学合理的运输组织方案、列车运行图，组织全路车务、机务、工务、电务、车辆、客运等生产站段所组成的庞大、复杂的运输生产体系来完成。只有这样，才能保证铁路运输的正常有序，列车的安全运行。

（3）从社会职能上看，铁路作为国民经济的大动脉，交通运输体系的骨干，是国家重要的宏观调控工具，必须坚决贯彻落实党中央、国务院关于国民经济发展宏观调控的战略决策和部署，从全国一盘棋的大局出发，服从、服务于我国经济社会发展的总体规划。这就要求铁路职工一定要牢固树立全局观念和整体意识，顾大局、识大体、讲团结、做奉献，始终把国家和人民的利益放在第一位。按照高度集中、统一指挥的原则，坚决做到局部服从整体、小局服从大局。

2. 大联动机

铁路运输企业本身由许多系统、单位和部门组成，运输生产的整个过程是由车、机、工、电、辆、后勤服务等各部门多工种协同动作，共同完成的。在这个复杂的系统中，旅客从购票、上车到下车、出站，货物从进站承运到卸车交付，列车从编组、运行到解体，都要经过很多道工序和作

◆学习笔记◆

业过程，每一名铁路职工都是整个运输生产过程中的重要一环，肩负着保证运输安全畅通、提供良好服务的光荣使命，可谓“牵一发而动全身”。由于铁路是在广阔的空间、长距离的运行中连续进行动态作业的，特别是成功实施六次大面积提速之后，列车运行速度越来越快、载重量越来越大、车流密度越来越高，要保证这架大联动机正常运转、运输生产安全有序，就必须要求各个部分、各个环节协调一致，密切配合，互相支持。要求每一名职工、每一项作业在时间、空间和秩序上和谐统一，按照运输组织方案和列车运行图的要求，严格执行标准化作业，准确、准时地完成各自的工作。任何一个系统、部门、岗位各自为政或者稍有疏忽，都有可能造成“一处不通影响一线，一线不通影响一片”的严重后果，使这架大联动机联不起来、运转不了，使整个铁路陷于瘫痪。因此，大联动机的特点，客观上要求铁路必须实行集中统一指挥，各系统、各部门、各工种之间，一定要联劳协作、环环相扣。

3. 半军事化

我国铁路有着深厚的军队情结。“命严方可肃军威”。“严字当头，铁的纪律”，是铁路管理的一大特色，也是运输安全的重要保证。铁路正是靠严格的组织纪律，统一的意识和行动，才能做到高度集中、统一指挥，以保证大联动机的正常运转，保证安全生产。铁路的半军事化管理，更多地落实在调度指挥和行车组织等运输生产部门。铁路大联动机和全路一盘棋的特点，决定了铁路各部门必须强调高度的组织纪律性。任何一个岗位的职工不遵守纪律、各行其是，都会给运输全局带来严重影响和损失。铁路强调高度的组织纪律性，在运输生产上，体现为必须严格执行调度计划，不能以任何借口拒不执行；在作业上，体现为必须严格执行规章制度，标准化作业，“一点不差、差一点不行”；在各部门配合上，体现为必须从运输全局出发，坚决服从集中统一指挥，相互支持，密切合作，不能各自为政，更不能制造障碍，影响全局利益；在上下级关系上，体现为像军队一样，服从命令，听从指挥，有令则行，有禁则止。每一名职工必须坚守岗位、恪尽职守、遵章守纪，确保铁路运输大动脉的安全畅通。

模块 2
铁路班组基础认知

◆学习笔记◆

2.1　班组、铁路班组认知

1. 班组

班组是指为共同完成某些工作任务，由一定数量的操作及管理人员，在统一指挥和密切配合的基础上所组成的一个工作集体。

班组是企业生产经营活动的最基层组织，是企业各项工作的落脚点，抓好班组建设，对于全面完成企业的生产任务，确保生产安全，提高经济效益，具有十分重要的意义。

2. 铁路班组

铁路班组是铁路企业组织生产经营活动最基层的组织，是安全和质量现场控制的重要防线。铁路企业的生产经营活动在班组中进行，班组工作的好坏直接关系着铁路企业经营的成败，只有班组充满了勃勃生机，铁路企业才会有旺盛的生命力，才能在激烈的市场竞争中长期立于不败之地。

1）概念

铁路班组是铁路企业中根据工作需要组成的较小的基层单位。它既是铁路企业根据内部的劳动分工与协作的需要而进行划分的一种基本生产（工作）集体，也是铁路企业在劳动分工的基础上，根据生产工艺、流程要求，由若干相同或不同工种的职工及若干设备、工具、材料等有机结合在一起组成的最基层的生产和管理单元。

如果把一个企业比作一个人体的话，那么班组就像人体的细胞，只有人体的细胞健康，人的身体才有可能健康，才能充满旺盛的生命力。

班组按其生产产品（提供服务）、工作性质和业务范围，一般分为：基本生产班组、辅助生产班组、职能生产班组和服务班组。

2）铁路班组的特点

（1）规模小而结构简单。

班组的“小”，主要表现为规模小、设备少。一个班组，少则几个人或十几人，多则数十人，属于小型群体。生产方式比较单一，有的班组全体成员从事同一工种，有的从事同一工序，有的从事几个工种或几道工序的简单组合。

（2）工作细而具体。

工作细而具体是指企业的任何工作都要落实到班组，都要贯彻到班组。铁路企业的人、财、物指标都在一定程度上指向班组，铁路企业的

◆学习笔记◆

各项工作都要在班组扎根，这就决定了班组的任务是多方位的，具有全面性。

（3）班组的工作“细”。

“细”是指班组的指标任务细，考核检查细，管理要求细。铁路企业的各项规章制度、工作标准、管理办法、细则、措施等都要具体地落实到班组，再分解落实到每个工种、岗位，具体到个人。

（4）班组的管理要求“实”。

铁路企业的各项管理工作通过多层次的分解，最终都要在班组得到落实。

（5）工作环境相对艰苦。

铁路行业点多线长，不间断运营的特点决定了绝大多数铁路班组远离城市，位置偏远，大部分情况下露天作业，风餐露宿，环境艰苦。

3）铁路班组的作用

（1）铁路班组处于铁路企业组织生产经营和提供运输服务的第一线，担负着保证铁路企业实现生产经营目标的任务。同时，铁路班组是生产经营链条上最基本、最重要的环节，是企业实现劳动者、劳动手段和劳动对象的合理组织及科学结合，以取得最佳经济效益的场所。

（2）铁路班组是铁路企业经济活动的细胞，是铁路企业活力的源头，对提高铁路企业经济效益起着重要作用。

（3）铁路班组是铁路企业能工巧匠的“聚集库”，是推进铁路企业技术进步、技术革新的生力军，对做好企业群众性的技术革新和合理化建议活动起着主力军作用。

（4）铁路班组是铁路企业安全生产、文明生产的前沿阵地，对搞好安全生产、经营管理、成本控制、优质服务和职工劳动保护起着保障作用。

（5）铁路班组是铁路企业民主管理的基地，在增进职工的主人翁责任感等方面发挥着凝聚作用。

（6）铁路班组是职工生活的“小家”，是社会主义精神文明建设的课堂，对培育和建设有理想、有道德、有文化、有纪律的职工队伍发挥着“熔炉”作用。

◆学习笔记◆

2.2 铁路班组管理概述

班组管理，顾名思义，是对班组进行的管理，包括上级对班组的管理、班组长对班组的管理，也包括职工对班组的自我管理。

随着铁路企业生产经营改革的深化，加强铁路班组的组织、业务、思想建设，培养有理想、有道德、有文化、有纪律的职工队伍，全面提高班组长的素质、职工素质等一系列工作，不仅是当务之急，而且也是铁路企业长期的战略任务。

1）班组管理的特点

（1）班组管理是企业的终极管理。班组管理是运输生产第一线的管理，是对任何计划、方案最终实施的管理。班组长管的职工，是最基层的员工；班组长管的事，是企业最基本的事。企业生产的任务要通过班组来完成。

（2）班组管理是计划与实施的双重管理。班组的任务就是以生产为中心，具体实施上级的计划、要求。实施前要确定：干什么？怎么干？在哪干？谁来干？何时干？实施中还要进行控制、监督。班组管理具有计划与实施的双重性。

（3）班组管理是全面综合的管理。“上面千条线，都穿班组这一根针”。生产、生活、思想、纪律、学习、防火、计划生育等都要管。行政工作和党、团、工会工作都要在班组落实。班组是企业各项管理的落脚点。

（4）班组管理是双重压力下的管理。班组长既要体现上级领导的意图，贯彻上级的指示，又要代表班组成员的利益，考虑他们的实际情况。班组长处在企业领导和职工沟通的交叉点上，因此班组长既要承担来自上面领导的压力，又要承担来自下面职工的压力。班组管理就是处在这种双重压力下的管理。

（5）班组管理是随机应变的管理。班组的事情千头万绪。各个班组的情况千差万别，班组管理不可能采用一成不变的模式。班组管理工作要坚持一切从实际出发、随机应变的原则。班组长要重视自己的经验，也要重视先进班组的经验。

（6）班组管理是直接面向人的管理。班组管理主要靠规章、制

◆学习笔记◆

度、规范来管理，但也要有“感情温度”。这是因为人际关系的力量，道德的约束力，往往胜过强制性的法律规范；企业中上下级的信任，同事、工友之间的情谊，往往胜过规章制度和行政命令。这就需要把规范化管理和注重人际关系、创造和谐氛围结合起来，增加班组的凝聚力。

2）班组管理的内容

班组应结合自身的特点，重点抓好民主集中管理、生产现场管理、安全应急管理、质量标准管理、经济核算管理、学习型班组构建等内容。

◆学习笔记◆

2.3　铁路客运班组基础认知

铁路客运班组管理旨在加强客运班组基础管理，提升客运班组管理水平，规范客运班组基础簿册，提高安全风险防范意识和服务质量，进一步明确班组长职责，加大班组成员责任与待遇的联挂力度。

1. 管理内容及标准

客运班组管理的主要内容：班组设置，班组任务，班组管理制度，班组考核制度，班组思想政治工作，班组长选拔、审批、任用、职责、待遇，班组成员的分工、职责、待遇等。

2. 班组设置

按劳卫部门下发的班组设置原则进行班组设置，按班次、工种进行班组划分，考虑工作中的同步性、同时性、同一性，确保同一时间段内担任共同工作的人员不重复设置班组。客运班组职责由铁路局级单位统一制订，班组管理由车间（队）负责。

（1）较大直属站，客运服务、售票、行李可分别设置班组，客运、售票、行李值班员担任班组长。

（2）三等及以下站，可按照实际作业内容，突破系统限制，灵活设置班组；四、五等站，以站为单位设置一个班组。

（3）列车乘务以包乘组为班组，餐车以包乘组为班组。

3. 班组任务

客运班组管理要始终围绕运输生产安全和服务质量，充分发挥和调动职工安全生产、提高劳动效率和经济效益的积极性，建立、完善各项管理制度，落实安全管理机制，严格执行岗位标准和作业标准，提升班组整体运作水平和服务质量。

4. 班组管理制度

（1）学习、总结及月例会制度。班组必须制订日常学习、总结制度，以及月度召开安全生产例会制度。班组上岗（出乘）前所有人员必须参加班前学习会，由班组长组织学习当前重点工作要求及布置班中工作重点，退岗（乘）后所有人员必须参加班后总结会，由班组长总结趟（班）工作，对趟（班）工作进行点评和提示。每月班组要定期召开安全生产例会，对安全生产情况进行分析和总结。

◆学习笔记◆

(2) 上岗（出乘）、退岗（乘）点名及同出同归制度。班组上岗（出乘）前必须到车间（或派班室）统一点名，然后统一上岗（出乘）。班组退岗（乘）时必须统一到车间（或派班室）点名，严格落实同出同归制度，严禁个人脱离班组单独行动。

(3) 交接班制度。班组必须制订交接班制度，要结合实际明确交接班时间、交接的重点事项、交接前后工作的质量标准、交接责任的界定、交接班作业程序等。

(4) 趟（班）工作汇报制度。必须建立工作汇报制度，班组趟（班）工作结束后班组长必须向车队（间）汇报工作情况，汇报内容包括运输生产数据、突发应急处理情况、重点人员交接情况、重点任务完成情况、接受上级检查情况、班组人员考核情况及其他需要汇报的情况等。由车队（间）收集班组工作情况统一上报段（站）。

(5) 设备、备品使用管理制度。班组使用的设备、备品必须建立相应的使用管理制度，严格设备、工具、备品管理，认真落实设备保养、维修和日常检查责任制度，确保设备始终处于良好状态。

(6) 现场管理制度。建立现场管理制度，工作场所的生产工具、材料做到定位有序存放，实行定置管理。生产现场的物品要存放有序、确保环境整洁。设立班组工作揭挂板，内容包括岗位职责、班组人员考勤、考核、重点工作等内容，定期更换，揭挂板设置在班组驻地或工作现场的显著位置。

(7) 民主管理制度。搞好班组民主管理，落实民主管理制度，坚持三评价（评价班组当月工作、评价班组长当月工作、评价职工当月工作）；坚持一建议（提一条改进班组工作的建议）；坚持四公开（生产任务情况公开、职工出勤情况公开、奖金分配和经费支出情况公开、违章违纪职工处理情况公开）。以班组为单位开展建设“职工小家”活动，发扬团结友爱精神，搞好互助互济，组织健康有益的文体活动，满足职工的精神文化需求，维护职工队伍的稳定。

模块 3
铁路客运班组民主集中管理

◆学习笔记◆

3.1 铁路班组长的集中领导

1. 班组长

班组长既是直接的生产者，又是基层班组的组织指挥者，是由人事部门任命的班组负责人。班组长是铁路班组的领导人、召集人、负责人。

1）班组长的角色

（1）完成任务的责任者和利润的创造者。

（2）上级命令的执行者。

（3）职工的直接领导者和支持者。

（4）同事间的协调配合者。

（5）上级领导和职工之间的桥梁和纽带。

2）班组长的地位

班组长在铁路企业中的地位，主要表现在以下几个方面。

（1）从纵向看，班组长处于企业生产指挥的“兵头将尾”的地位。

班组长作为生产第一线的直接指挥者，需要具体负责并贯彻落实上级的决策，要领导班组完成安全生产任务，实现经营目标，从这个意义上来说，班组长是“兵头”；铁路基层单位的生产指挥一般实行站段、车间、班组三级管理，班组长是行政指挥的终点，从这个意义上来说，班组长又是“将尾”。所以，班组长在铁路企业的生产经营管理活动中处于承上启下的重要地位。

（2）从横向看，班组长在企业生产和管理链条中处于“枢纽”地位。班组长在企业生产中，既代表管理者一方，又代表生产者一方，具有双重身份。班组长通过对班组生产经营的组织和指挥，把企业管理层的意志和决策，转化为班组每位职工的行动，是沟通管理者与生产者之间关系的“联络人”。

（3）从班组内部看，班组长在班组生产中起着主导作用，处于“核心”地位。在一定的环境下，一个班组的生产情况，管理情况，都与班组长息息相关，班组长应当起到“主心骨”的作用。班组工作要统一、协调地进行，就必须以班组长为核心，大家团结一致，心往一处想，劲往一处使，才能把班组的工作做好。班组长的职位虽小，但在企

◆学习笔记◆

业的生产、管理，以及提高职工素质、建设“四有”职工队伍等方面，都起着重要作用。

3）班组长的基本素质

班组长的基本素质，是指班组长对于客观环境和客观事物的认识、适应和驾驭能力。作为班组长，其基本素质直接决定和影响班组管理的效果。一个优秀班组长往往能使一个面临危机的班组起死回生，使一个矛盾重重、人浮于事的班组重振雄风。班组长应该具备的基本素质主要包括以下方面。

（1）政治思想道德素质。政治思想道德素质是班组长的根本素质，是班组长政治方向、政治立场、思想道德品质的综合反映。它包括：思想意识素质、思想方法素质、道德情操素质。

①思想意识素质。思想意识素质指班组长应有正确的人生观、价值观。实事求是、积极探索，勇于创新、艰苦奋斗、知难而进、自强不息、谦虚谨慎、不骄不躁、顾全大局、勤俭节约，清正廉洁、励精图治、无私奉献，这些就是班组长实现人生价值的正确途径。同时，班组长还应进一步更新观念，主动开创班组工作新局面；忌急于求成而应稳定发展；忌怕当出头鸟而应敢为天下先。

②思想方法素质。思想方法素质即班组长应当用全面的观点、联系的观点和发展的观点认识和处理问题。只有这样，班组长才能提高对善恶荣辱、是非曲直的认识和辨识能力，增强预见性、创造性，避免盲目性、随意性。

③道德情操素质。班组长应作风正派，办事公道，先人后己，克己奉公，为班组的物质文明、精神文明、政治文明，以及生态文明建设作出表率。同时，要强化公共伦理，突出制度伦理，普及生态伦理，调整家庭伦理。班组长是班组职工的核心，其在行为和品德等方面，应是职工学习的榜样。成功的班组长应该做到：顶天立地，胸存大志；言而有信，说到做到；谦虚谨慎，戒骄戒躁。

（2）文化科学素质。文化科学素质主要指班组长通过学习和积累而具有的文化科学素养，以及形成的知识结构。一位合格的班组长，必须掌握自己从事的工作所需的专业知识及相关知识。知识是能力的基础，文化水平决定着班组长在管理方面的潜力。随着管理的现代化和生产力的不断发展，对生产一线班组长文化素质的要求也越来越高，班组长只有不断加强学习，努力掌握更多的科学文化知识，才能把班组的生

◆学习笔记◆

产和管理工作提高到一个新的水平。

（3）技术业务素质。技术业务素质的基本要求如下。

①熟练掌握本班组的生产操作技能。

②独立处理本班组生产过程中出现的工艺流程、技术资料、工具设备、规章规范等方面的问题。

③熟悉、掌握本班组生产工作中的程序、性能、要领、数据和关键环节。

④不断学习新知识，积累新经验，努力掌握新技术、新工艺、新规章和新设备的操作及养护知识。

（4）管理素质。管理素质是指班组长管理班组的能力，其主要包括以下内容：科学合理地组织、领导班组的生产经营活动，按时完成各项生产和经营任务；制订班组各项管理制度和规定，并教育、监督班组成员严格遵守执行；运用科学管理方法和手段控制并解决班组产品质量问题；具有一定的经济核算和经济活动分析能力；会做思想政治工作，了解、掌握班组成员的思想状况，充分调动班组成员的工作积极性；具有一定的表达和写作能力。

（5）心理和身体素质。心理和身体素质是影响班组管理效能的重要因素。

心理是感觉、知觉、记忆、思维、情感、性格、能力等的总称，是客观事物在大脑中的反映。心理素质就是上述因素的内在机制和对外界的承受能力。班组长的心理素质主要包括一般心理素质与认知心理素质。一般心理素质又包括智力、非智力、组织管理、品德等四个方面。智力方面包括观察能力、思维能力和创新能力。非智力方面包括强烈的事业心和进取心、广泛的兴趣、稳定而乐观的情绪、坚强的意志。组织管理方面包括工作能力和组织能力等。品德方面包括谦虚与谨慎、宽容大度等品性、情操。班组长优良的认知心理素质，表现为优良的自行获得新知识、形成新技能的学习能力。

身体素质是心理素质存在的物质前提，它为人体活动提供物质能量，保证人体活动的强度、耐力等。在实际工作中，人的心理和身体素质是一体化而不可分割的。

班组长应具备较高的心理素质，自控能力要强，要做到：受挫时不萎靡沮丧，成功时不自鸣得意；解决易办的事情不掉以轻心，处理棘手的问题不忧心忡忡；要克服心浮气躁，特别是在受批评、遭到误解和埋

◆学习笔记◆

怨时，要以平静的心态，泰然处之，力戒骄矜辞色，注意培养自己宽容大度的气质，养成得意淡然、失意坦然的大家风范。为了防止将感情因素渗入日常工作中，必须将感情与日常工作分隔开，力求做到：盛怒之时，不主事；狂喜之时，不许诺；郁闷之际，避敌视；得意之时，避密友；喜怒之极，宜慎言；烦躁至极，应慎行；众怒面前，我制怒；众喜面前，我独醒。要善于自制，沉稳冷静地去应对各种意想不到的变化，乃至困境，从而使自己的品德修养与处事能力融为一体，不断提升自身的内在素质，增强人格魅力。

4）班组长的能力要求

（1）要有掌握实际操作技术和解决问题的能力。班组长一般应是技术上的尖子、安全上的标兵。也就是说，班组长的技术业务水平要高，安全意识要强，要成为班组精通业务的行家和技术攻关方面的带头人。

（2）要有一定的组织指挥能力。班组长既要“严”字当头，敢于管理，又要实事求是，善于管理，还要善于运用现代化的管理方法，充分利用班组的一切有利条件，完成班组的各项生产任务，实现预定的目标，取得最佳的生产效率和经济效益。

（3）要有做好思想政治工作和知人善任的能力。班组长要了解每一名职工的业务技术水平和专业特长，给每个职工分配合理的任务和恰当的工作；要针对每个职工的特点，量才用人，扬长避短，善于运用多种方法，适时做好职工的思想政治工作，使职工经常、稳定地处于最佳工作状态。

（4）要有沟通和协调班组内外关系的能力。班组长的地位决定了他一方面是上情下达者，必须具有上下沟通的能力；另一方面他是内外部关系的协调者，应具有协调班组与班组之间、班组与外单位之间关系的能力。因此，班组长要尊重上级，关心职工，团结友邻，努力做到凡是发生和本班组有关系的事，都力争在班组内部解决，矛盾不上交。

（5）要有一定的分析和判断能力。在日常工作中，班组长会遇到许多意想不到的问题，有的是涉及旅客的，有的是涉及上、下级的，有的是涉及班组内部的，有的是涉及友邻单位的。对于这些问题，班组长要遇事稳重，多动脑筋。对所发生的问题，要及时地抓住主要矛盾进行分析，做到妥善解决。

（6）要有改革和创新的能力。班组是增强铁路运输企业竞争力的源头。因此，班组长要带领职工广泛地应用新技术、新工艺、新材料和新管理方法，不断拓宽知识面，不断进行改革创新。尤其是在当前铁路加快发展的新形势下，班组长应更具创新意识和能力，要积极吸收先进知识和经验为我所用，在生产、经营和管理等方面实现创新发展。

（7）要有适应变化的能力。铁路运输企业的大部分班组与其他厂矿企业的班组有所不同，其设备、人员处在运动或运动承载设备之中。因此，班组长必须牢固树立动态管理的意识。同时，由于市场经济的千变万化，也要不断提升适应变化的分析问题和解决问题能力。

（8）要有指导培养的能力。班组长应对职工进行业务指导，在传授必要的知识及方法的同时，指出职工存在的不足之处，以此来提高他们的工作劲头，帮助他们不断进步。这就像在课堂上，当学生遇到难题时，老师不要先给学生答案，而应先给学生以方法上的指导，促使学生自己找到答案，“授人以鱼，不如授人以渔”，这才是成功的老师。班组长也当如此。

（9）要有激励减压的能力。激励的方式并不会使班组长的权力被削弱，相反，这会使班组长更容易安排工作，并使职工更愿意服从他的管理，变“要我做”为“我要做”。优秀的管理者常常既要善于激励职工，也要善于自我激励。自我激励是缓解压力的重要手段，它可把压力转化为动力，从而增强工作成功的信心。

（10）要有自控和约束能力。研究表明，管理者的情绪常常会影响到其下属及其他部门的职工，管理者的职位越高，其影响力就越大，所以，管理者必须要有很强的情绪控制能力。作为班组长，则不仅要自律，而且要自制，要清醒地了解自己的长处和短处，控制自己的情绪并约束自己不当或不良的行为，避免出现“一会晴天一会下雨”的状况。如果班组长将心情的好坏都挂在脸上，那就会失去职工的信任。班组长要带头规范自己的言行，公而忘私，严格自律，以自己的模范行动影响和感染职工，坚决做到即使一人独处时也不违章，不违纪，不违背做人的原则。

5）班组长的任职条件

（1）政治思想好，责任心强，坚持原则，敢于管理，作风民主，办事公道，具有良好的职业道德。

（2）有一定的业务管理和组织领导能力，能带领班组成员圆满地

◆学习笔记◆

完成各项生产任务，能做好班组安全管理工作，确保安全生产。

（3）达到本工作岗位规定的文化素质、专业要求及职业资格等岗位标准。

（4）有一定的生产实践经验，熟悉安全生产规程，能独立处理生产中的技术、业务问题。

（5）团结同志，善于做思想工作；以身作则，起模范带头作用。

（6）心理、身体素质好，有较强的自我控制能力。

2. 班组长的集中领导

1）班组长的职责

（1）在上级领导下，负责本班组全面工作。

（2）按工作重点，组织落实工作计划，指挥和管理本班组的生产经营活动，根据生产经营活动的需要调整本班组的劳动组织。

（3）负责主持本班组的交接班，布置工作重点，参加交接班会议，向上级报告班组生产、安全情况。

（4）负责组织班组的政治、业务学习。

（5）坚持标准化作业，督促本班组人员按作业标准、规定程序作业，负责班组的标准、规章制度的落实、检查、考核，根据本单位的规章制度制订本班组工作的实施细则。

（6）负责班组的安全，督促落实各项卡控措施。

（7）统计有关资料，及时向上级汇报有关信息。

（8）向上级提出对本班组职工的奖惩建议，按照企业内部经济责任制的规定落实对本班组的奖惩。

（9）维护班组职工的合法权益。

2）班组长的作用

（1）指挥作用。班组长处于生产一线，企业的各项生产任务都要分解到班组，通过班组长的正确指挥，才能得以完成。班组长的指挥作用就在于正确执行上级的生产指令，按照作业计划有节奏地组织生产。班组长的指挥作用发挥如何，关系到整个班组工作的好坏。班组长应坚决贯彻执行管理层的决策，创造性地把企业总目标化为班组的具体目标和具体措施，加强生产现场的管理，建立规范的生产秩序，合理安排、组织生产，及时解决生产过程中出现的各种问题。

（2）组织作用。班组内的生产管理、民主管理和思想政治工作等管理内容，都要通过班组长的组织实施，才能实现运输生产的安全、优

◆学习笔记◆

质、高效、低耗，以及两个文明建设同步发展的理想目标。班组长组织能力的强弱，决定着班组劳动生产率的高低。

（3）带头作用。班组长作为班组的领导者，既要组织指挥生产，又要带头完成自己所承担的生产任务。从一定意义上说，班组长带头作用的强弱，关系着班组工作的好坏。班组长在班组生产中要率先垂范、做好表率，通过自己的模范带头作用带领全体成员出色地完成各项任务。

班组长的带头作用可以概括为：思想工作做在前，完成任务干在前，搞好管理抓在前，改革建议提在前，艰险任务抢在前，执行制度严在前，学习培训走在前，关心同志想在前。

（4）协调作用。班组长是班组成员在生产和工作中相互关系的协调者。班组作为一个群体，其成员之间必然会存在思想观念、技能特长、情趣爱好等方面的差异，存在差异就有可能产生矛盾，就需要有人协调。班组长要善于协调班组成员之间的关系，使之消除误解、和睦相处、精诚合作，从而促进班组整体工作顺利、健康地开展。很显然，班组长若没有强有力的协调、导向作用，班组之魂就会丧失，生产、工作任务就无法顺利完成。

（5）园丁作用。班组是企业培育人才的重要阵地，班组长要像“园丁”一样，重视职工特长的发挥，要多渠道、多方面创造条件，为人才的产生、培养，发挥浇水培土的作用。实践证明，哪个班组长视野开阔，胸怀宽广，哪个班组就能为企业培养优秀的管理人才和技能人才。

3. 客运班组长

1）客运班组长的聘任与管理

铁路客运站段要通过竞争上岗、民主选举和组织任命等方式，按条件、按程序选聘客运班组长，做到任人唯贤；同时，对客运班组长在岗位上的作用发挥、内部管理、外部协调等方面进行全过程的跟踪考核，做到能者上、平者让、庸者下。

（1）按照“公平、公开、公正”的原则，实行客运班组长竞争上岗制度，确保把政治素质好、技术业务精、管理能力强、群众威信高、敢于负责的优秀职工选拔到班组长岗位，凡是具备条件的班组长，都要实行竞争上岗。

（2）按照选一备一的原则，对客运班组长进行人才储备。各单位

◆学习笔记◆

要在选聘客运班组长的同时，对客运班组内的优秀职工进行重点培养和锻炼，通过建立客运班组长后备队伍，保证客运班组长队伍新老交替进入良性循环。

（3）按照突出过程管理的原则，加强对客运班组长的任期内考核。通过制订完善的客运班组长考核标准，在对客运班组长内部管理放权的基础上，严格落实客运班组长自身的考核。对工作标准低、带头作用发挥不好、不能胜任本职工作的班组长，要坚决予以调整。

突出客运班组长的岗位培训，为客运班组长的成长成才创造条件。通过对客运班组长进行有计划、有步骤的业务知识和管理理论等培训，保证客运班组长及时掌握新技术、新装备、新工艺和新规章，提高其思想政治素质、技术业务能力、生产组织能力、综合管理能力和突发事件应急处理能力，满足运输生产安全质量管理要求，为客运班组长的进一步成长成才创造条件。

2）客运班组长的权利

（1）根据班组工作需要，有调整本班组职工岗位的权利。对不宜在本班组工作的职工，班组长有建议调离权。

（2）对违章违纪，不按标准作业的行为人有考核权，必要时可令其停职检查。对屡教不改者，可向上级建议给予其经济处罚、停职检查、下岗培训等纪律处分。

（3）根据工作质量、出勤情况、安全作业、路风路纪等方面的表现，对班组的每位职工有月度讲评权。

（4）对工作中违反岗位纪律、物价政策、规章制度及不执行作业标准的，有权批评制止。情节严重的有权停止其工作。

（5）对有失职守、违反劳动纪律、越权占用服务设施的结合部人员有权批评纠正。对于不服从领导，情节严重的，有权要求主管单位停止其工作。

（6）对有以职谋私、以票谋私、勒卡索要、倒卖贩运等违纪行为的客运工作人员，班组长有权按有关规定严肃处理。

3）客运班组长的待遇

班组长的奖金，原则上按本班组职工平均奖金的1.5~2.0倍确定，具体考核分配办法由上级单位制订。

4）客运班组长的考评

（1）建立客运班组长年度考评、述职和末位淘汰制度。考评工作

◆学习笔记◆

要坚持群众测评与领导评鉴相结合，定量分析与定性分析相结合的原则。以班组管理年度综合考评、培训情况、民主测评情况为依据，以班组长所在班组的安全、路风、营销收入、工作标准和服务质量等工作实绩为指标，对各班组长进行全面评价。

（2）原则上每年进行一次班组长年度考评，由各单位劳动人事科具体组织实施，一般于春运结束后开始，一个月内完成。对成绩显著者予以表彰和继续聘用，并作为晋升的重要根据，对不称职或排在末位者经段长（站长）办公会会议研究决定予以诫勉或解聘。

5）班组长的培训

（1）原则上每年进行两次为期一周或以上时间的脱产培训，以提高班组长的技术业务水平和管理能力，新职班组长须经过不少于 50 学时的班组管理知识脱产培训，培训考试成绩由培训实施单位填记到《铁路岗位培训合格证书》中“工班长资格培训合格证”项目的“培训科目与成绩”栏内，考试成绩一年内有效。

（2）每半年为一阶段，对班组长应知应会的理论和实作常识进行考试，半年业务考试中成绩不及格即考试成绩低于 60 分的班组长，实行末位淘汰并给予免职处理，因考试不及格被免职的班组长，可以参加预备班组长的竞聘考试（免职三个月以后，方可参加客运段列车长竞聘考试），参加竞聘考试时可以不受班组长基本条件的限制。

◆学习笔记◆

3.2 铁路班组民主管理

所谓班组民主管理，是班组全体职工依照法律规定，通过一定的组织形式，对班组权限范围内的事务，行使民主管理权力的活动。

班组民主管理，是职工最直接、最广泛、最经常的民主管理活动。是企业民主管理的基础，具有十分重要的地位和作用。

搞好班组民主管理，落实“三一四”民主管理制度，坚持三评价(评价班组当月工作、评价班组长当月工作、评价职工当月工作)；坚持一建议（提一条改进班组工作的建议)；坚持四公开（生产任务情况公开、职工出勤情况公开、奖金分配和费用支出情况公开、违章违纪职工处理情况公开)。以班组为单位开展建设“职工小家”活动，发扬团结友爱精神，搞好互助互济，组织健康有益的文体活动，满足职工的精神文化需求，维护职工队伍的稳定。

1. 职工的基本权力

(1) 当作业现场存在重大隐患时，职工有权停止作业，撤出危险岗位，并及时向有关领导汇报。

(2) 职工有权拒绝任何干部的违章指挥，制止任何人的违章作业。

(3) 班组对确有成效的技术革新，合理化建议和有重大贡献的职工，有权向上级建议给予记功嘉奖。

(4) 班组对严重违反劳动纪律、规章制度而造成重大设备质量事故、人身事故的职工或严重违法乱纪的职工，有权向上级建议给予处分。

(5) 职工对企业的大政方针、发展规划及一切生产经营活动有参与建议权。

(6) 职工有权对企业各级干部进行民主监督和评议，有权向职代会和上级领导提出对干部的奖惩意见。

2. 班组班务公开制度

班务公开制度能加强班组民主管理，使每个职工知班组情、议班组事、管班组事、促班组兴，激发班组职工的积极性，推动班组建设。

(1) 成立班组班务公开小组，由工会小组长任组长，选两名责任心强、素质高的职工为组员，负责班组的班务公开。

（2）班务公开小组要根据班务公开的内容、组织开展有关班务公开的工作，经常汇报班务公开的情况，研究存在的问题，提出整改措施。

（3）班务公开小组负责做好班务公开基础资料的整理和存档，建立细致、规范的公开档案，做好原始记录。

（4）利用班组民主管理会公开有关事项，建立班务公开栏。

（5）充分发动职工管理班组事务，做好民主评议班组长的工作。

（6）班务公开的内容：公开班组月度安全、生产任务完成情况，公开班组各项管理、经济核算、节支降耗、考核分配情况，公开职工评先晋级、考勤、各种休假，津贴、补助等情况，公开福利设施管理、伙食账目，以及其他涉及职工切身利益的事项。

3. 班组民主生活会制度

班组民主生活会，是职工自我教育、自我管理的有效形式，也是促进班组精神文明建设的有效途径。通过批评与自我批评，沟通职工思想认识，创造和谐环境，增强班组团结。

（1）民主生活会由工会小组长主持。

（2）班组民主生活会每季度召开一次。

（3）民主生活会要结合班组的安全生产情况，围绕生产、安全、用工、考勤及奖罚等议题，由全体职工事先认真总结、查找不足、开展批评与自我批评，制订整改措施。

（4）班组职工要结合自身的工作实际，认真查找工作的不足，虚心接受他人的批评，并制订切实可行的整改措施，改进和提高自身的综合素质。

（5）把班组职工共同关心的问题，简明扼要地公布，活跃班组民主生活会气氛。

4. 工会小组会议制度

工会小组会议由工会小组长主持召开。工会小组会议一般每月召开一次，也可根据需要随时组织召开。工会小组会议的主要内容如下。

（1）讨论职工小家建设、劳动竞赛、考核分配、安全生产、宣传教育等重要事项。

（2）讨论班组民主生活会和民主管理会的重大事项，定期召开工

◆学习笔记◆

会小组民主生活会。

（3）进行各类评先活动。

（4）讨论与工会小组活动有关的制度和办法。

（5）讨论开展岗位练兵、技术比武、技术革新、合理化建议活动的措施。

（6）定期报告工会小组工作，公布工会会费收缴情况。

（7）对会员进行权利和义务教育，做好发展新会员和工会会费收缴工作。

（8）定期研究职工困难补助议题。

◆学习笔记◆

3.3　铁路客运班组党支部建设

1. 党支部基础知识

1）党的组织体系

中国共产党是根据自己的纲领和章程，按照民主集中制的原则，将全体党员组织起来的统一整体。党的组织自上而下分为三个层次：党的中央组织、党的地方组织和党的基层组织。

（1）党的中央组织，是指党的中央一级的组织，是党的首脑机关，领导全党的工作。党的中央组织包括：党的全国代表大会、中央委员会、中央纪律检查委员会、中央政治局、中央政治局常务委员会、中央书记处、中央军事委员会。

（2）党的地方组织，是指按照国家行政区域设置的各级党的组织，是党的地方领导机关。党的地方组织包括：党的省、自治区、直辖市，设区的市、自治州、县（旗）、自治县，不设区的市、市辖区的代表大会和它们所产生的委员会（纪律检查委员会）和常务委员会，以及党的中央和地方各级委员会派出的代表机关。

（3）党的基层组织，是指党在社会基层单位（包括企业、农村、机关、学校、科研院所、街道社区、社会组织、人民解放军连队和其他基层单位）成立的组织。

党的基层组织按照建制分为基层党委、党总支和党支部三类，分别设立党的基层委员会、总支部委员会、支部委员会作为领导机构。

党的基层组织是党在社会基层单位中的战斗堡垒，是党的全部工作和战斗力的基础。

2）党的基层组织的构成

基层党委、党总支和党支部三类基层党组织的关系主要通过层级隶属来体现，基层党委下设总支，总支下设支部。当然，基层党委下面也可以设二级基层党委，基层党委下面也可以直接设支部。

党组织建制如何确定，即基层单位设立党委、总支还是支部主要取决于两个方面：党员人数和工作需要。

一般情况下，党员人数超过 100 名，成立基层党委；超过 50 名、不足 100 名，成立党总支；正式党员超过 3 名、不足 50 名，成立党支部。人数是原则性规定，因工作需要，经上级党组织批准，可以突破上

◆学习笔记◆

述党员人数限制。

基层党组织的委员会每届任期三年至五年。

3）党支部是教育管理党员的最基本单位

按照党章规定，每个党员，不论职务高低，都必须编入党的一个支部、小组或其他特定组织。党支部是教育管理党员的最基本单位。

党章第三十四条规定：党支部是党的基础组织，担负直接教育党员、管理党员、监督党员和组织群众、宣传群众、凝聚群众、服务群众的职责。

4）党支部、党小组、临时党支部

因为党员数量、党员分布等因素，当以支部为单位进行党内学习、过组织生活和开展其他活动比较困难时，可以将支部党员划分为若干个党小组。

需要注意的是，党小组不是党的一级组织，只是党支部的一个组成部分，不具有决策权利。

党小组根据党员数量、党员分布等情况来决定，尽量同行政、生产组织相一致，便于党小组作用发挥。党小组的人数不少于 3 人。支部党员人数较少、党员工作岗位比较集中，开展活动比较方便的，也可以不划分党小组。

党小组长由本小组的党员推选产生。特殊情况下，也可以由支委会指定。任期一般与党支部委员会任期相同，可在改选支部委员会的同时推选党小组长。

临时党支部是党支部的一种特殊形态，它是为完成某项临时性任务而成立的党支部。多依托临时单位机构、短期培训班等而设立，本质上属于党支部而不是党小组。因具有短期性特点，临时党组织的书记、副书记和委员一般由上级党组织指定。

2. 建立铁路客运班组党支部管理制度

近年来，铁路客运部门充实、加强一线党支部力量，在一线车间设立总支，在生产一线建立班组党支部，使党的工作关口前移，把党支部的战斗堡垒作用集中到客运生产前沿，把党的组织保证作用体现在班组的生产过程，使党员的先锋模范作用直接体现到安全生产上。

（1）列车成立多乘一体党支部，党支部的成员由列车长、乘警长、检车长组成，党支部书记由列车长担任。

（2）建立多乘一体党支部，趟乘务例会制度。每趟列车始发前，列车长组织党支部成员召开会议，总结上趟乘务工作，布置本趟乘务党支部的重点工作，并且填写多乘一体党支部会议记录。

（3）列车遇有突发、重大情况，列车以乘务党支部为核心，组织

◆学习笔记◆

对列车的突发情况进行施救。

3. 铁路客运班组党支部管理制度

进一步完善和落实班组学习、思想沟通、党团活动和一岗双责制度，用党的路线、方针、政策统一职工的思想认识，教育职工发扬主人翁精神，遵章守纪，确保质量良好地完成各项生产任务，确保作业安全，维护路风路誉，把班组建设成团结的集体。针对班组实际和职工思想状况，开展爱国主义、集体主义和社会主义教育，落实走访谈心和帮教转化制度，对安全关键岗位人员、“两纪”松散人员等实施“一对一”谈心和包保。建立健全班组思想政治工作骨干队伍，发挥班组骨干作用。班组要设置“三长”，即：党小组长、工会小组长、团小组长。做到岗位职责明确，作用发挥到位，协助班组长做好班组工作，组成在班组长统一领导下的班组领导核心。

4. 铁路客运班组党支部“三会一课”制度

“三会一课”制度是党的组织生活的基本制度，是党的基层支部应该长期坚持的重要制度，也是健全党的组织生活，严格党员管理，加强党员教育的重要制度，是一种行之有效的党组织生活制度。

“三会”是：定期召开支部党员大会、支委会、党小组会。“一课”是：按时上好党课。

1）支部大会制度

（1）会议召开频率。

每季度召开一次支部大会。

（2）与会人员。

会议由全体党员参加，根据内容的需要，有时可吸收非党干部或入党积极分子列席参加。

会议由党支部书记主持，书记不在时由副书记主持。

（3）会议内容。

①传达学习党的路线、方针、政策和上级党组织的决议、指示，制订党支部贯彻落实的计划、措施。

②定期听取、讨论支部委员会的工作报告，对支部委员会的工作进行审查和监督。

③讨论发展新党员和接受预备党员转正，讨论、决定对党员的表彰和处分。

④选举支部委员会成员和出席上级党代会的代表。

⑤讨论需由支部大会决定的其他重要事项。

（4）会议形成的决议由支委会负责检查落实。

（5）会议记录。

◆学习笔记◆

支部组织委员负责会议记录，会议记录要认真保管，归档备查。

2）支部委员会制度

（1）会议召开频率。

每月召开一次支部委员会会议。

（2）与会人员。

会议由全体支委会成员参加。

会议由党支部书记主持，书记不在时由副书记主持。

（3）会议内容。

①研究贯彻执行上级党组织和支部党员大会的决议和意见。

②讨论通过年度支部工作计划和工作总结。

③开展批评与自我批评。

④开展民主评议党员活动。

⑤研究入党积极分子的培养教育及党员发展对象，评选优秀党员。

⑥讨论支部工作重要事项和工作措施。

（4）会议要求。

支部委员会决定重要事项时，到会支部委员必须超过半数以上；如遇重大问题要作出决定，到会的委员不超过半数时，必须提交党员大会讨论。

（5）会议形成的决议，应确定有关支委会成员负责检查落实，并向书记报告执行情况。

（6）会议记录。

指定专人做好会议记录，记录内容包括：时间、地点、主持人、缺席人员名单、会议议题、会议决议等。会议记录要认真保管，存档备查。

3）党小组会制度

（1）会议召开频率。

每月至少召开一次党小组会。

（2）与会人员。

会议由党小组全体党员参加，由党小组长主持。

（3）会议内容。

①组织党员学习党的路线、方针、政策，学习马克思列宁主义、毛泽东思想、邓小平理论、“三个代表”重要思想、科学发展观、习近平新时代中国特色社会主义思想，传达党内文件和党的决议。

②根据党支部的布置，讨论本小组的工作及党员应该承担和完成的任务，研究贯彻执行决议的办法。

◆学习笔记◆

③安排小组生活会，检查执行支部党员大会决议的情况，组织党员开展批评与自我批评。

④讨论、分析入党积极分子、发展对象和预备党员的思想、学习、工作状况，并向支部提出意见和建议。

⑤分析并反映群众的思想情况和意见，帮助群众办实事、办好事。

（4）会议要求。

会前要有准备，会议内容要集中，每次会议有针对性、有重点地解决一两个问题即可。

（5）会议记录。

指定专人做好会议记录，会议记录要认真保管，存档备查。

4）党课制度

（1）上课频率。

每年上党课不少于四次，由各支部负责实施。每次党课以集中学习为宜。一般应吸收入党积极分子一起听课。

（2）党课内容。

①学习中国共产党章程。

②学习党的方针政策。

③学习党建相关理论和知识。

④结合当前形势，对党员进行形势、任务教育。

（3）党课要求。

①要认真制订党课计划（由组织委员负责）。

②建立考勤制度，无特殊情况，不能无故缺席。对因故未能参加党课的党员要及时补课。

③党课教员由支部书记担任，也可以邀请上级领导及党员中的先进典型人物和由具备授课能力的其他支委担任。每次授课必须充分准备，讲课时要联系实际，讲求实效。

④要认真做好党课记录，以备上级检查考核。

5. 新时期铁路客运党支部工作

2019 年，国铁集团党组颁布了《关于在高铁乘务中充分发挥党支部和党员作用的指导意见》，该意见提出“应设必设、强化政治功能、突出服务现场、注重实际实用”的原则，要求在各次列车上建立列车联合党支部。

高铁乘务党支部建设，是顺势而为的一种党建新模式，也是新时代

◆学习笔记◆

呼唤出来的新作为。这种模式使党建活动体现了全覆盖，是符合时代需要的解决方案，推动基层党组织从纵向、封闭、扁平化的组织管理模式向横向、开放、立体化的组织管理模式转变，体现时代性、凸显创造性、富有实效性，打破了时空隔阂，密切了党群关系，使党建工作更加开放；实现了无缝覆盖，拓展了交流渠道，使党建工作更加生动；提升了服务水平，昂扬了精神风貌，使党建工作更接地气；规范了基层工作，提升了常态管理，使党建工作更加科学。

这种功能型临时党支部，为高铁乘务工作提供了坚强的组织保证，使乘务工作更加规范、有序。高铁乘务党支部如“明灯”，心有组织，遇事不慌，有了乘务党支部，可以让教育培训“活”起来，提高高铁党建工作的科学化水平。高铁乘务党支部如“脊梁”，是乘务人员强大的精神支撑，可以让他们克服困难，迎难而上。高铁乘务党支部如“镜子”，让每个党员时刻明了自己的形象和责任，高调做示范，主动受监督，积极践行承诺，当好主心骨和排头兵。流动党支部的每一位党员按要求发挥职责。加强联劳协作，打造流动的战斗堡垒；围绕列车安全服务和应急处置等工作，凝聚合力、攻坚克难，监督党员落实各项要求，动车队临时党支部会定期向党员所在单位党组织及铁路局集团公司党委组织部门反馈其工作情况；做好职工思想工作，力所能及地帮助职工解决现实困难。今后，“流动党支部”将切实加强党组织建设，健全党组织生活，严格党员教育管理，充分发挥党组织的战斗堡垒作用和党员的先锋模范作用，全面提高党组织的凝聚力和战斗力。

典型案例1

让党旗在高铁列车上飘扬
——西安局集团公司党委加强高铁乘务党支部建设纪实

中国铁路西安局集团有限公司担当着北京、上海、深圳等方向105.5对图定动车组列车的运输任务。2019年以来，西安局集团公司党委认真贯彻落实中国国家铁路集团有限公司党组关于加强高铁乘务领域党的建设的部署要求，着力通过机制引领、信息引领、活动引领，全面推进高铁乘务党支部建设，充分发挥高铁乘务党支部“流动战斗堡垒”作用。

◆学习笔记◆

“顶层推动”建机制

“高铁乘务工作涉及客运段、动车段、公安处、保洁和餐饮公司等多个单位，管理模式、乘务交路、作业标准、党员结构差异较大，只有加强顶层设计，有效发挥组织牵动作用，高铁乘务党支部建设才有生命力。”西安局集团公司党委领导介绍道。

2019 年以来，西安局集团公司党委始终将加强高铁乘务党支部建设纳入党委年度重点任务，先后 4 次作出安排部署，提出具体要求。局集团公司党委组织部 5 次组织相关单位党委召开座谈会、推进会，多次跟班添乘、现场调研，全面深入了解高铁各工种、各岗位乘务作业流程和党员作用发挥情况，形成了“有条件的建支部、无条件的创岗区”的基本思路，提出“建党支部与创先锋岗相结合、党员作用与岗位作业相结合、自我写实与旅客评价相结合、客运牵头与‘五乘’共建相结合、立足实际与扩大覆盖相结合”5 项工作措施。

为确保高铁乘务党支部建设工作有序推进，西安局集团公司党委坚持落实国铁集团党组提出的“三项机制”要求，定期在党建工作领导小组会议上研究高铁乘务党支部建设工作；由党委组织部牵头每半年至少组织召开一次“五乘”单位党委联席会议；西安客运段党委牵头每季度组织召开一次“五乘”车间（车队）党支部工作协商会议，逐级分层通报情况、研究问题、协作配合、推进工作。

“3 月 20 日，我们高铁乘务各车间党支部通过‘学习强国’学习平台视频会议功能，召开了 2020 年一季度工作协商会议，研究疫情期间需要协调解决的事宜，互相点评了党员作用发挥情况，这样的会议很有效。”陕西西铁商旅集团有限公司客服公司党支部书记王世荣说。

西安动车段党委书记张民权介绍，2020 年 4 月 14 日，西安局集团公司党委将“五乘”单位高铁乘务党支部建设联席会议开到了高铁列车上，让现场发现的问题在现场解决。

“高铁先锋”解难题

“请大家扫描我的二维码。”值乘西安北至成都东 D1917/1918 次列车的西安客运段动车三队党员列车长张予茜，开车前对“五乘”人员提醒道。

◆学习笔记◆

通过实践，该局集团公司党委逐步形成了“让高铁乘务党支部建设插上信息化翅膀”的思想共识。该局集团公司党委组织部以此为发力点，牵头组织研发了“高铁先锋”App，先行在西安客运段动车队试点运行，经过不断完善，该App于2020年春运期间正式上线运用。

“高铁先锋”App依托钉钉办公系统，在PC端和移动端设置通知公告、个人写实、党员先锋榜、工作意见箱等功能模块，实现了单趟乘务作业过程中，党员个人写实、旅客随机评价、组织综合评定的有机融合。

“为了强化管理查询功能，在刚刚升级的2.0版本中，通过手机登录，就能实时查询每趟高铁列车上的党员、入党积极分子和共青团员的数量。党员在什么岗位，党支部是否成立，支部书记是谁，所有信息一目了然。如有急事需要通知值乘人员，只需点击App中的电话图标，就能现场连线值乘党员，大家都说‘高铁先锋’就是高铁乘务工作‘移动的指挥中心’。”西安局集团公司党委组织部支部科科长李凡介绍。

西安局集团公司党委为落实服务党员、服务职工的要求，在“高铁先锋”App中还增加了党员职工亲属信息。西安动车段动车乘务车间党总支书记赵峰说：“有了这个信息，我们与职工间的距离更近了，有时职工家里有什么困难，职工值乘期间自己没法办理，我们得知后就可以及时联系、帮助解决困难，为职工解了后顾之忧。”

在宝鸡南开往北京西的G672次列车3号车厢里，一名旅客通过扫描西安客运段动车一队党员乘务员岳恒亮的服务监督二维码，对其工作进行评价。这名旅客说：“刚见这位乘务员帮抱着孩子的妈妈放行李，同时听到广播说我们旅客还能对乘务员工作进行评价，这位乘务员的举动让我感到很温馨、有安全感，必须给他点赞，我给五颗星！”

岳恒亮向这名旅客介绍道：“您的评价会实时在我们单位指挥中心大屏上显示，我的同事们都能看到您的评语，您的支持就是对我们最大的鼓舞。”

“‘高铁先锋’App上线后，给我们的管理机制带来了许多新变化。”西安客运段党委书记赵利民介绍，“我们按照局集团公司党委统一要求，制订了高铁党员乘务员积分考核管理办法，明确了党员积分由个人自评、旅客评价和组织评价三部分组成，每月

◆学习笔记◆

将积分排名前20%的党员评为‘党员岗位明星’，季度党员积分排名前20%的党员评为‘党员先锋岗’，并进行表彰奖励，动态公示、接受监督，极大地调动了党员优质服务旅客的积极性。”

“高铁先锋”App的应用，让党员积分管理有了新平台，不但没有增加任何工作量，而且还取消了纸质报表，党建工作实现了节支降耗。

“现在，我们已经开发完成了高铁列车长电子乘务报告，近期将推广运用，‘高铁先锋’App将成为党建融入中心、引领工作的典范。”西安客运段信息科科长、研发团队主创人员董海峰兴奋之情溢于言表。

“三亮四好”展作为

“女士们、先生们，欢迎您乘坐动车组列车，担当本次乘务的工作人员中共有2名党员，分别是负责列车整体工作的党员列车长程静和负责1至4号车厢服务工作的党员列车员王伟，旅途中，‘有困难找党员’。”G656次列车驶出西安北站后，列车广播公布了党员值乘情况。

听到广播后，一位老大爷找到值乘的列车长程静说：“广播里说‘有困难找党员’，我听后很感动啊，我是个老兵，是一名老党员，如果车上有什么我能做的，你们就说，我保证完成任务。”

在列车广播中公布值乘党员的姓名、岗位和承诺，是西安局集团公司党委开展“三亮四好”活动的一项具体措施。

2019年9月，西安局集团公司党委在认真学习贯彻国铁集团党组《关于在高铁乘务中充分发挥党支部和党员作用的指导意见》的基础上，突出“党员作用在岗位上体现”这个核心要素，以“亮身份、亮岗位、亮承诺，服务质量好、业务技能好、应急处置好、示范带动好”为主要内容，在高铁乘务领域党组织和党员中深入开展“三亮四好”活动。

西安局集团公司党委要求在每趟高铁乘务中，凡党员达到3人及以上成立高铁乘务党支部，趟乘工作开始时组建、乘务作业结束时撤销。党支部书记按照党员列车长、乘务员、随车机械师、乘警的顺位担任。“五乘”党员按照“一人一岗”的原则设立党员作业岗，以车厢、车组或值乘室为区域设立党员责任区，影响和

◆学习笔记◆

帮带周围的团员、职工，充分释放“一名党员一面旗”的辐射作用。

在打赢新冠肺炎疫情防控阻击战的主战场上，高铁乘务党支部和高铁乘务领域广大党员积极发挥作用，先后完成5批247名医务人员和725箱物资运送任务。2020年2月17日，G4798/4795次首趟陕西援鄂医疗专列开行，5名党员列车长、1名党员乘警、1名党员机械师主动请缨，充分发挥高铁乘务党支部合力，顺利完成了134名医务人员和155件防疫物资的运输任务。担当该趟列车临时值乘任务的西安客运段动车二队党总支书记李耿讲道：“这次专列开行时间紧、任务重、要求高，大家纷纷请战，我们优先抽调党员值乘，并在列车上组建了高铁乘务党支部，圆满完成了任务。”

在这次抗击新冠肺炎疫情中，先后有44名“五乘”人员向党组织递交了入党申请书，7名表现突出的列车乘务员、随车机械师“火线”入党。

西安铁路公安处西安乘警支队六大队教导员张现玲深有感触地说：“‘三亮四好’活动开展前，‘五乘’人员相互沟通不够深入，协作不够紧密。随着活动的深入开展和协调会机制的有效落实，特别是为了共同应对疫情的严峻考验，‘五乘’单位一盘棋意识进一步增强，‘五乘’人员凝聚力进一步提升，高铁乘务党支部流动战斗堡垒作用更加凸显。”

高铁是国家名片，高铁列车需要高品质的服务。西安局集团公司党委始终坚持“高铁开到哪里、党支部就建到哪里、党员作用就发挥在哪里”。据统计，2019年9月1日至今，该局集团公司共开行高铁列车1.5万余趟，组建高铁乘务党支部560余个，建立党员责任岗区8 000多个，应急处理、解决查找遗失物品、重点旅客乘降、车厢温度调节、厕所堵塞故障等问题200多个，“五乘”党员“两违”率从去年的3.8%下降到2%以内，旅客评价“五星”好评率由83%提升到97%。如今，“三亮四好”活动的深入开展让高铁服务品质更优，让旅客出行体验更好，让党旗高高飘扬在高铁列车上。

◆学习笔记◆

典型案例2

流动堡垒写华章
——郑州局集团公司党委建设高铁乘务党支部纪实

中原铁道，高铁奔驰向四方。

流动堡垒，温暖相伴八方客。

郑州局集团公司担当57对高铁列车、1对动车组列车和50对城际列车的运输任务。804名乘务人员中有党员170名，其中党员列车长87名。

郑州局集团公司党委认真贯彻落实中国国家铁路集团有限公司党组加强高铁乘务领域党的建设要求，全面推进高铁乘务党支部建设，充分发挥高铁乘务党支部和党员作用，聚焦提升服务质量、做好应急处置、树立品牌形象，提升旅客出行体验，擦亮了“高铁名片”。

担当使命抓落实

2019年9月，第二批“不忘初心、牢记使命”主题教育拉开帷幕。郑州局集团公司所属单位如火如荼地开展。

9月18日上午，国铁集团董事长、党组书记陆东福到郑州局集团公司检查调研第二批“不忘初心、牢记使命”主题教育推进情况，对高铁乘务党支部建设提出要求。

郑州局集团公司党委迅速落实，抓关键，抓推进。9月18日下午，他们认真传达、学习相关要求，在部署推进高铁乘务党支部建设的同时，研讨安全生产指挥系统如何动态显示值乘党支部、乘务党员情况。事隔仅一天，郑州客运段安全生产指挥系统上便能实时显示列车运行中乘务班组的党员分布情况。

9月23日，他们组织学习、贯彻国铁集团党组颁布的《关于在高铁乘务中充分发挥党支部和党员作用的指导意见》，梳理32项任务要求，逐项明确落实主体。10月5日，他们在郑州客运段召开调研座谈会，围绕贯彻落实《指导意见》，研究解决乘务党支部建设和作用发挥方面的问题，凝聚思想共识，全面推进高铁乘务党支部建设。10月份，他们举办了6期党员骨干培训班，每期安排15名高铁乘务领域党员参加培训。

◆学习笔记◆

郑州局集团公司各高铁乘务单位党委迅速行动，按照信息汇总、组建确认、发挥作用的流程，快速将高铁乘务党支部、党员岗区组建、运行起来。从组建、运行、保障3个方面入手，他们建立了高铁乘务党支部工作流程，绘制了流程图，帮助党员熟练掌握乘务党支部、党员岗区组建、运行的操作流程，切实增强其做好工作的责任感、使命感。

10月30日，他们进一步优化郑州客运段安全生产调度指挥系统和列车长手持机终端系统，实现了高铁乘务党支部组建、党员岗区创建等信息同步显示，促进了各乘务单位党员信息融合和人员联动。党员列车长张丽芳说："手持机终端系统的优化，让乘务党支部组建情况更加清楚了。"

在"不忘初心、牢记使命"主题教育中，郑州局集团公司党委深入调研高铁乘务党支部组建、作用发挥等情况，有针对性地制订整改措施，进一步促进了高铁乘务党支部建设。

践行宗旨提品质

"化车长，我是保洁员李玉梅，一位旅客在2号、3号车厢连接处晕倒了。"11月1日9时55分，郑州客运段高铁三队成都东10组值乘的G2201次列车刚开出鄠邑站不久，乘务党支部书记、党员列车长化凯倖就听到对讲机里传来保洁员的呼叫声。

随后，化凯倖立即通知值乘人员按照应急预案分工合作。4号车厢列车员立即广播寻医，党员乘警长赵伟维持现场秩序、协助登记旅客信息，餐车服务员王亚娟送来热水，列车红十字救护员王存瑞携带小药箱赶到现场，司机穆彪联系临时停靠佛坪站……直到患病旅客被送上120急救车。高铁乘务、公安、保洁、餐服等人员各司其职，相互配合，联劳协作，奏响了高铁乘务党支部、党员岗区作用发挥的最强音。

全面提升高铁服务品质，增强旅客美好出行体验，是郑州局集团公司党委推进高铁乘务党支部建设的目标。

郑州局集团公司党委深入调查研究，广泛听取意见，结合实际制订了主动维护乘车秩序、主动帮助重点旅客、主动做好岗位协作的"三主动"规定，带头落实应急机制、带头冲锋在前的"两带头"制度，在展示形象上做示范的"一示范"措施。"三主动、两带头、一示范"让高铁乘务党支部战斗堡垒和党员先锋模范作用得到了充分发挥，真正体现了"人民铁路为人民"的宗旨。

◆学习笔记◆

“今天值乘巡视中，我制止旅客不文明行为 1 次，帮助旅客 2 人……”值乘结束后，参加高铁乘务的党员都在手账上写下了自己发挥作用的点点滴滴。同时，郑州客运段高铁三队党总支还定期在“三会一课”上开展“三主动、两带头、一示范”交流研讨会，并对落实情况进行点评。

在高铁列车值乘党员人数不足，无法成立党支部的情况下，郑州局集团公司党委要求党员立足本职岗位，在能够辐射影响到的范围内创党员先锋岗、建红旗责任区，充分发挥示范带动作用。

10 月 30 日，郑州客运段高铁三队党员唐世林值乘 G2023 次列车，在巡视车厢时发现 3 号车厢的两位老人行动不便，他就帮助老人买来盒饭，搀扶老人去卫生间，到站前为老人联系爱心轮椅。

11 月 3 日，郑州客运段高铁二队党员黄彦博值乘 G1870 次列车时，发现一名旅客因为醉酒吐了一身，去卫生间时又弄脏了裤子。他为该旅客倒水端茶，并把自己带的替换衣服借给了该旅客，化解了旅客的尴尬。暖心的举动让周围的旅客纷纷为黄彦博点赞。

协调联动强保障

“不简化一道程序、不怠慢一名旅客、不疏忽每一分钟。”10 月 9 日，王丹华第一次担任高铁乘务党支部书记。她带领高铁乘务党支部党员做出庄严承诺。

王丹华是郑州客运段高铁一队北京西三组列车长。

这天，她所值乘的车体突发故障，临时启用了热备车。热备车与原车型不一样，旅客车票显示的位置和实际座位不符，需要协调旅客置换座位。这时，党员乘警长协助乘务人员为旅客指引座位、帮助旅客拿行李，党员机械师耐心细致地给旅客做解释工作。仅仅 10 分钟，他们就顺利完成了 240 名旅客座位的置换。

“这样的突发情况，如果在以前，处理起来会比较慢。”王丹华介绍，在高铁上，虽然工作人员来自 6 个不同的单位，但是组建了高铁乘务党支部，就形成了一家人、一条心的氛围，特别是在处理突发情况时会顺畅很多。

11 月 8 日，郑州局集团公司高铁乘务单位党委第一次联席会在郑州客运段召开，研究解决高铁乘务党支部组建中遇到的问题和困难。在高铁乘务党支部建设过程中，郑州局集团公司党委全面落实协调联劳配合要求，建立高铁乘务领域党建工作沟通机制，对党支部建设、党员管理、沟通联系、协调保障、作用发挥等问题进行深入研究，实现了乘务单位之间的协调联动。

◆学习笔记◆

高铁乘务各单位党委加大高铁领域发展党员工作力度，重点向高铁列车长、动车组司机、随车机械师等关键岗位倾斜，积极做好发展党员的工作。10月以来，递交入党申请书6人，确定入党积极分子5人，被列为发展对象7人；优化调整高铁党员分布，健全保障落实机制，为高铁乘务党支部建设和党员岗区建设提供经费保证，支持高铁乘务单位开展党员教育培训和党日活动，激发创先争优内在动力。

10月8日至12月1日，郑州局集团公司开行高铁列车2 774趟次，日均开行50趟次左右；组建高铁乘务党支部585个，日均组建11个左右；建立党员责任岗区2 579个，日均建立党员责任岗区40余个；处理“六乘”协作问题113件次，解决旅客实际困难244余件次。

6. 突发危机情况下，党支部战斗堡垒作用的显现

2020年1月27日，中国国家铁路集团有限公司党组办公室印发《关于充分发挥党组织和党员作用坚决打赢新型冠状病毒感染肺炎疫情防控攻坚战的通知》（以下简称《通知》），要求全路各单位各部门认真学习贯彻习近平总书记重要指示精神，特别是各级党组织和广大党员干部在坚决打赢新型冠状病毒感染肺炎疫情阻击战中发挥作用的重要指示要求，深入贯彻落实党中央、国务院决策部署，充分发挥党组织和党员作用，坚决打赢新型冠状病毒感染肺炎疫情防控攻坚战。

《通知》指出，要加强政治引领，增强打赢新型冠状病毒感染肺炎疫情防控攻坚战的责任感和必胜信心。各级党组织要统一领导、统一指挥、统一行动，加强政治思想教育，引导广大党员干部职工把思想和行动统一到习近平总书记重要指示精神上来，统一到党中央、国务院重大决策上来，统一到国铁集团党组、国铁集团部署要求上来，充分认识防控新型冠状病毒感染肺炎疫情的极端重要性和现实紧迫性，增强打赢新型冠状病毒感染肺炎疫情防控攻坚战的坚定信心和必胜决心，把积极投身这场突如其来的特殊战役作为增强“四个意识”、坚定“四个自信”、做到“两个维护”的具体政治行动，把人民群众生命安全和身体健康放在第一位，把疫情防控工作作为当前最重要的工作来抓，在坚决打赢疫情防控攻坚战中践行初心使命，切实履行国铁企业的政治责任和社会责任。

《通知》要求，加强组织保证，筑牢打赢新型冠状病毒感染肺炎疫情防控攻坚战的坚强防线。各级党组织要全面动员，全面部署，全面加强工作，把问题想得严重一些，把风险想得大一些，把措施定得更周密一些，跑赢

◆学习笔记◆

疫情传播速度，掌握打赢疫情防控攻坚战的主动权。要加强正面宣传教育，正确传播疫情防控知识和信息，引导广大党员干部职工不折不扣执行国铁集团和各级政府部署要求，养成良好的个人生活习惯和公共卫生习惯，做到理性认知、科学防治、精准施策，弘扬正能量，不信谣不传谣，维护社会大局稳定。要坚持疫情防控和春运安全运输一起抓，教育引导广大职工群众认真履行岗位职责，动员组织广大党员关键时刻站出来、紧急关头豁出去，全面做好站车疫情防控、重点物资运输、确保安全畅通等各项工作，在铁路线上筑牢众志成城、群防群治的坚强防线，使铁路成为快速反应、联防联控的生命绿色通道。要充分发挥乘务党支部流动堡垒作用，确保高铁和旅客列车安全万无一失。要充分发挥党支部管到人头的组织优势和工会、共青团组织的独特优势，全面准确了解职工身体健康状况，组织引导职工群众严格落实疫情防控各项措施要求，加大职工健康保护力度，形成各级组织齐抓共管、共克时艰的强大合力。

《通知》强调，加强作风建设，强化打赢新型冠状病毒感染肺炎疫情防控攻坚战的纪律保证。各级党组织要重抓干部作风，加强纪律建设，坚持在新型冠状病毒感染肺炎疫情防控工作中考察识别、培养锻炼干部，以最科学的组织领导、最严明的纪律作风、最严格的防控措施打赢这场攻坚战。各级干部要坚守岗位、履职尽责，带头响应党中央号召，带头贯彻国铁集团党组、国铁集团部署要求，带头落实疫情防控各项措施。各级领导人员要勇于担当、站在前列，在疫情防控过程中充分发挥科学决策的定盘星作用、靠前指挥的主心骨作用、率先垂范的战斗员作用，做到守土有责、守土担责、守土尽责。要注意发现、积极宣传在疫情防控工作中做出突出贡献的先进典型，激发广大党员干部职工忠于职守、无私奉献的政治热情。各级纪检、组织人事部门要加强纪律检查和作风督查，对思想不重视、责任不落实、工作不到位，影响疫情防控工作的，依纪依规严肃追责问责。

典型案例3

中铁南昌局在高铁列车上成立乘务党支部
——“流动堡垒”护航平安出行

“D2236 次列车长在吗？庐山站临时需运送 30 箱药品到武汉站，请组织好装运工作。”“收到，马上组织。”2020 年 1 月 24 日 9 时 37 分，南昌至成都东 D2236 次列车即将停靠庐山站，列车长、党支部书记陈虹的对讲机传来消息。运送防疫药品是当前大事，

◆学习笔记◆

列车还有5分钟到站，停站2分钟，既要组织旅客有序乘降，又要保证药品及时装运，时间紧迫，高铁乘务党支部临时召开会议，陈虹迅速布置装运任务。

列车停靠在庐山站后，餐车服务员已经在5号餐车前车门处腾出位置存放药品，乘警长与列车员疏导5号车旅客集中从后车门乘降，30箱药品很快装运上车。11时24分，列车停靠在武汉站，他们又迅速将药品搬运下车。

春运期间，在抗击新冠肺炎疫情斗争中，为发挥党组织和党员作用，中国铁路南昌局集团有限公司南昌客运段在高铁列车上组建高铁乘务党支部，为旅客提供及时周到服务。他们自主研发“高铁乘务党支部”App，要求参与同一趟高铁乘务工作的客运、乘警、机务、车辆、餐饮、保洁等“六乘”人员中是党员的，主动在App上签到，党员达3人及以上，就成立临时党支部，统一佩戴党徽上岗，将一趟趟飞驰的高铁动车打造成护航春运的“流动堡垒”。

“高铁乘务党支部是临时党支部，我们组织党员开展一次亮承诺、一次联合巡检、一次征求旅客意见、一次作用发挥评定‘四个一’活动，促进了党员先锋模范作用的发挥。”南昌客运段动车一队党总支书记万燕琴说。同时公司建立了列车长吹哨报到机制，在不给党员增加额外工作的情况下，与车班全体乘务人员一道更好地服务旅客，做好应急处置。

“‘六乘’人员虽然来自不同的单位，但组建高铁乘务党支部后，做到组织生活联过、出行安全联保、服务旅客联动。”陈虹举例，春运期间很多旅客携带同款行李箱、背包，容易拿错，大伙儿讨论后推出了行李识别牌，防止旅客拿错行李。

高铁乘务党支部还在铁路与旅客间架起了连心桥。D2236次高铁党支部沿途开设流动的红色课堂，为旅客讲红色故事，一起唱红歌。江西理工大学资源与环境工程学院辅导员张吉勇经常乘坐这趟高铁，他认为这些活动很有意义，为出行增添了趣味。

“卫生状况、服务态度都挺到位！”“希望下次还坐你们的车。”……20时53分，列车抵达终点站成都东站。送走最后一名旅客，党员们看着旅客留下的评价，开心地笑了。

模块 4

铁路客运班组工种岗位管理

◆学习笔记◆

4.1 普速列车乘务岗位作业流程及标准

1. 列车长作业流程及标准

1）出乘准备

（1）出乘会：根据上级文电、命令、指示制订本次乘务重点工作和具体措施，针对上次乘务工作中的主要问题提出整改措施。按规定收缴烟火，列车长负责收取客运班组和餐售班组人员烟火，乘警长负责收取邮政、车辆乘务人员及公安乘务人员烟火，所有收缴的烟火由列车长统一保管并做好登记。

（2）出乘点名。检查乘务人员仪容、仪表、着装、标志，以及应携带的证件、业务资料、票据、表报；按规定时间组织乘务人员列队进入派班室点名，接收文电、命令、指示。

（3）接车。组织乘务人员整齐地排成两列纵队，按照规定路线进站（入库）接车。列车长在队列尾部行走。

（4）检查验收。

①“三乘”人员（客运乘务员、车辆乘务员、乘警）按照职责分工，分别对列车防火和服务设施设备进行检查，发现问题各自填入《旅客列车防火安全及设备设施“三乘检查”登记簿》，并通知车辆乘务人员处置。

②检查列车卫生质量。列车长检查列车整备卫生质量，检查卧具叠放、窗帘摆挂、备用卧具和清扫工具定置摆放情况，与保洁负责人做好出库质量验收情况交接。

③与库内看车人员进行卧具备品交接。

④检查列车外部悬挂物（防护栏、外顺牌、区间牌）加固、粘贴情况。

⑤检查办公席、广播室、乘务员室、行李车簿册资料的配备及定位摆放情况。检查规章、资料、票据等办公用品备用情况。检查广播工作准备情况，掌握广播重点内容，审批广播宣传重点，签字确认。

⑥检查各车厢上水情况并确认签字，检查库内预冷、预热供电情况（记载在《旅客列车防火安全及设备设施“三乘检查”登记簿》中）、电茶炉、集便器、车门状态，塞拉门要进行试开关；检查列车冷、热水

◆学习笔记◆

系统状态。

⑦检查乘务员室、配电室、厕所、车门（窗）锁闭情况。

⑧列车出库前检查、清理车内的闲杂人员。

2）始发前作业

（1）了解乘车计划。核对列车编组、车厢定员；向车站客运值班员或计划员了解本趟列车客流情况；对重点运输及加挂、专运，座、铺位临时预留等事项，认真组织落实。

（2）了解行包计划。到行李车了解行包装车计划；对特运、重点货件装运、沿途预留要心中有数，并指导行李员制订装车方案。

（3）了解餐售准备。

①了解餐车（售货组）上料、供应计划。检查乘务餐餐料准备和乘务菜谱的制订情况。

②对列车餐售食品安全情况进行检查。

（4）就直供电列车车体出库、机车连挂、供电时间及车内温度情况与车辆乘务人员共同进行检查，并做好记载。

（5）出场检查。通知列车员（乘务员）出场。检查列车员立岗、翻板定位卡锁入槽、高站台安全渡板及安全警示带安放情况。

（6）迎接旅客上车。站台引导、组织旅客排队上车，解答问事、扶老携幼，做好站车交接；单班组作业时列车长立岗位置在天桥或地道口处。双班组作业时休班列车长立岗位置在天桥或地道口处，当班列车长立岗位置在列车中部处。

3）始发作业

（1）安全检查。巡视全列车门、配电室门、车窗锁闭状态。重点检查列车前部、尾部车厢车门、端门和发电车、行李车、邮政车与相邻车厢连接端门的锁闭状态。

（2）始发巡视。

①巡视车厢，掌握旅客动态，了解重点旅客情况，检查各车厢整容质量。

②检查各岗位乘务人员的始发作业情况，发现问题及时纠正。

③检查列车员的旅客去向登记作业及对重点旅客的登记情况，查看站车交互系统，对持挂失补车票的旅客进行核对。掌握各车厢旅客密度，组织旅客均衡乘车，了解剩余卧铺、席位情况。

④亲自安排精神异常旅客、犯人、特殊重点旅客乘车，会同乘警宣

◆学习笔记◆

传安全注意事项。

（3）检查行包（邮政包裹）。检查行李、包裹装载状态，货仓门加划（锁）、货物堆码及装载情况，货仓内留有不少于 50 cm 宽的防火通道，端门加锁，严禁超载、偏载。查验押运人员车票及登记情况，宣传安全常识。检查邮政人员的押运证件，监督、维护铁路安全行车及邮运合同的落实，处理违章问题。

4）途中作业

（1）检查巡视。检查考核各工种作业流程和标准的落实情况；观察旅客状态；巡视车厢内禁烟情况。遇大站前后、交接班、换流站时进行全面巡视，每隔两小时对行李车、餐车、邮政车、发电车、“二炉一灶一电”的安全防火制度落实情况进行一次巡检，并进行记录。

（2）查验车票。组织乘警和列车乘务人员按规定区段查验车票，做到票、证、人相符；对持挂失补车票的旅客进行核对，无误后开具客运记录。对持电子客票的旅客，根据站车无线交互系统手持终端确认旅客购票信息，发现携带超限、超重物品的人员、无票人员，以及不符合乘车条件的人员，按章办理，需交车站的，编制客运记录与车站交接。正确办理旅行变更等业务。对临时要求提前下车的卧车旅客，接到报告后通知乘警到场共同了解情况。

（3）交接班。组织各岗位客运乘务人员按流程和标准交接班。

（4）动车组会让。区间会让动车组列车前，指导列车员在车厢内巡视；待避动车组列车时，指导列车员坚守车门，监控车内。相同站台会让、待避动车组列车时，巡视列车交会一侧车门、车窗锁闭状态。

（5）疏导清理。

①检查车内旅客密度，观察旅客状态。组织、疏导旅客均衡乘车。

②指导列车员及时清理通过台、洗面间和堆放的物品，疏导在过道逗留的旅客，保持通道畅通。

（6）检查餐售。检查、了解食品供应、价格情况，纠正违章，保障食品安全。

（7）晚点通报。当旅客列车晚点 30 min 及以上时，要向旅客公告晚点信息，说明晚点原因、晚点时间，做好旅客宣传解释及客运服务工作。公告间隔原则上不小于 30 min。因铁路原因导致列车晚点的须向旅客致歉。

◆学习笔记◆

(8) 列车上水。随时掌握全列的供水情况；列车严重缺水时，及时通知前方上水站进行补水，上水站开车后，对上水情况进行检查确认。

(9) 接待来访。随时接待旅客来访，耐心解答问询，受理投诉，听取建议。

(10) 应急处理。处理旅客人身伤害、疾病等突发事件，组织乘警做好调查取证，及时编制客运记录、拍发电报，做好站车交接。

(11) 计划运输。做好计划运输工作。按规定区间组织做好预留席（铺）位工作，列车严重超员时拍发超员电报。双层硬座车每车厢载客不超过200人；空调硬座车（25G型、25K型、25T型）每车厢载客不超过180人；25T型硬卧车不代座，其他硬卧车代硬座每车厢载客不超过160人。

(12)“三品”（危险品、易燃易爆品和毒害品）检查。重点区段、乘降所、春运期间和有特殊任务时组织“三品”检查小组查堵“三品”。

5) 站停作业

(1) 乘降组织。在列车中部出场，掌握旅客乘降情况，客流高峰时办理交接后应立即到硬座车厢组织乘降，中间站有预留车厢的应在预留车厢组织旅客乘降，确保安全。及时处理旅客乘降过程中的突发事件。

(2) 办理交接。办理站车相关交接事项，填写相应交接凭证。

6) 终到前作业

(1) 检查各岗位列车员执行作业标准和流程情况，终到卫生做到地面清洁，不留垃圾、污水、粪便。

(2) 访问重点旅客，征询服务意见。

(3) 组织相关人员清点备品，整理资料簿册，填记有关台账、编制有关记录。

(4) 列车长、车辆乘务长和乘警长于列车终到前2小时内（单程运行4小时内列车，终到前1小时），按照检查项点分别进行设备检查，由检查人员分别将问题填写在《旅客列车防火安全及设备设施“三乘检查”登记簿》中，由“三长”签字。

7) 折返站终到作业

(1) 检查列车员出场立岗情况，组织旅客有序下车，做好扶老携

◆学习笔记◆

动工作，确保旅客安全。

（2）与车站办理特殊重点旅客交接等业务。

（3）全面巡视各车厢，认真检查各处有无异状，关窗锁门。发现旅客遗失物品，会同乘警做好清点，移交车站处理。

（4）旅客列车终到入库或折返站换挂（单机除外），列车长在客运作业完毕后，组织锁闭车门，报告车站客运值班员。特殊情况下旅客列车在途中站发生车辆摘挂时，车站值班员通过客运值班员通知列车长，列车长须做好旅客疏散和安全宣传工作，并组织锁闭车辆端门、侧门。

8）折返站作业

（1）组织客运乘务人员做好车内保洁、整备工作。

（2）对车内卫生、备品整理等作业质量进行验收、鉴定。

（3）折返站停留超过三小时的列车，“三乘”人员按照职责分工，分别对列车防火和服务设施设备进行检查，发现问题填入《旅客列车防火安全及设备设施“三乘检查”登记簿》，并通知车辆乘务人员处置。

（4）列车长指派列车员看车，其他人员到公寓休息。

（5）出库前检查清理车内的闲杂人员。

（6）对列车外部悬挂物和防护栏进行检查。

（7）组织召开返乘会，总结往程工作，部署返程重点工作。

（8）折返站始发前作业、始发作业按照本流程 2）、3）项内容执行。

9）终到后作业

（1）汇集运输生产、餐售经营数据资料，填写班组乘务日志。

（2）办理交接。

①与车站办理重点旅客交接等业务。

②全面巡视各车厢，认真检查各处有无异状，关窗锁门。妥善保管旅客遗失物品，设法归还失主，无法归还时编制客运记录交站处理。无法判明旅客下车站时交列车终到站处理。

③与接车人员共同检查终到卫生质量，保洁负责人对终到卫生进行鉴定，办理卧具、备品等相关交接事宜，填写交接记录。卧具、备品丢失、损坏时，列车长应认真记录。

（3）交班退乘。

①检查票据，清点进款，填写移交报告，做到账项准确、清楚。

◆学习笔记◆

②亲自或指定专人在乘警陪护下送缴列车进款。

③带领退乘人员在站台（库内）列队，到派班室点名退乘。

④向段派班室、车队和业务指导部门提交班组乘务日志及报表，汇报往返乘务工作情况。

（4）退乘会。组织全组乘务人员召开退乘会，全面总结往返工作情况，公布趟考核结果。

2. 列车值班员作业流程及质量标准

1）出乘前准备工作

（1）出乘前列车值班员（以下简称值班员）认真检查防盗箱、移动补票机、电池等备品是否良好。发现问题立即通知收入科或车队收入室备案。

（2）根据班组票据使用量，备足各种票据，防止脱销或超储。请领票据时确认“客货票据领发单”记载的票据名称、符号、起止号、数量与实领票据无误后，由 2 人签字，凭领发单登记“客货票据明细账”。

（3）请领多种票据时，应在每种票据领票人签收栏，分别签字。不准只签一种票据。

（4）请领的票据以保证三个班次的用量为准。

（5）值班员出乘严禁单独行走，必须随班组集体入库、上车。

（6）值班员要与列车员核对补票情况，防止漏收。

（7）补票机、开机卡号码和密码应认真保管并注意保密。班组间不准借用、串用，不得随意交给他人。

2）乘务中作业

（1）接车后，值班员应及时将票据、补票机、备用金放金柜加锁并设置密码。

（2）值班员使用移动补票机时，开机进入售票系统，核对补票机日期、显示票号是否正确，调试好后方可使用。补票机故障时，要使用代用票。

（3）发生客票作废时，应立即处理，废票必须使用补票机打印“作废”字样，超时机器不予承认。发生各种票据作废时，由值班员编制客运记录，列车长签字，终到后上报客运段，由收入科长签字后，上报铁路局。

（4）乘务中发生的进款、票据必须放金柜，设密码保管。两班共同使用一个金柜时，应分别使用款袋加锁。

（5）值班员携带票据、现金时，严禁单独在站台上行走，需将较大款额送到列车时，需由乘警护送。

（6）备用金，用于初始补票时找零使用，也就是说请领的钱，就是备用金，应在“票据进款交接班登记簿”中的“备用金”栏记载。

（7）办公席补收票款一万元（长途车）、五千元（短途车）必须随时将现金放金柜，离开办公席时，办公桌、金柜必须加锁。

（8）值班员要经常深入车厢宣传补票规定，补收运费，防止漏收。

（9）查验车票时严格执行400 km一次，不足400 km增加一次，无票上车人数较多区段适当增加验票次数的规定。

（10）途中遇特殊情况必须办理票据临时交接时，在列车长监控下，应在班组“客货票据明细账”中的列车班组票据交接单上，由交者负责填写各种票据、数量、备品等，双方签字，然后列车长签字确认后方可生效。

（11）在公寓或库内时，票据、现金必须存放在金柜中，并由列车长（或值班员）和一名男性列车员负责看管。

（12）备用票据、移动补票机，不使用时必须锁入金柜，设密码保管，办公席及金柜内禁止存放个人物品及现金。

3）终到后作业

（1）终到后，严格执行由乘警护送到站交款、回段收入科（车队收入室）签字制度。如遇特殊情况要随班组统一回段或到折返站公寓入住。

（2）当次列车运输进款，必须在当次乘务终到后全部报缴，不准压款，不准挪用进款。

（3）终到交款后发生多、少交款时，多交款列溢收，少交款时编制“车补进款交接单”到车站收款处补缴。

（4）终到后，值班员交款、交票、交移动补票机等，且要将本次乘务已使用完毕的票据逐项登销后方可退乘。

（5）终到回段1.5 h后，值班员将票据、备品锁在指定备品箱内，箱内禁止放与票据无关的任何物品。与收入人员办理移动补票机、防抢箱交接手续。

（6）严禁值班员将防抢箱、票据、移动补票机带回家。

◆学习笔记◆

（7）班组领出的票据返库时，由收入科（区域收入室）审批同意后，填“客货票据返库单”。

（8）班组值班员正常人事变动，产生交接时，交接双方必须同时到车队收入室，在收入室票据管理人员监控下，办理交接手续，必须加盖名章，严禁手写签字。

4）值班员管理的列车业务资料

（1）列车业务资料配置（见表4-1）。

表4-1 列车业务资料配置

顺号	名称	办公席	软卧车	硬卧车	软座车	硬座车	广播车	餐车	行李车
1	铁路旅客运输规程及补充规定	电子							
2	铁路客运运价规则	电子							
3	铁路旅客运输办理细则	电子							
4	铁路旅客运输管理规则	电子							
5	铁路客运运价里程表	电子							
6	旅客票价表	电子							
7	行李包裹运价表	电子							
8	国铁集团、铁路局客运规章汇编	电子							
9	铁路技术管理规程	电子							
10	铁路旅客运输服务质量规范	电子							
11	旅客列车客运工作(作业)标准	电子							
12	列车消防安全台账	电子							
13	客运记录	纸质							纸质
14	电报	纸质							纸质
15	车内补票移交报告表	纸质							
16	乘务报告	电子							
17	旅客列车防火安全及设备设施“三乘检查”登记簿	纸质							
18	特殊重点旅客服务交接簿	纸质							
19	乘务工作日志		纸质	纸质	纸质	纸质			纸质
20	班组乘务日志	纸质							
21	作业流程	电子	纸质	纸质	纸质	纸质	纸质		纸质

◆学习笔记◆

续表

顺号	名称	办公席	软卧车	硬卧车	软座车	硬座车	广播车	餐车	行李车
22	广播资料汇编						纸质		
23	视频、音频文件目录						纸质		
24	安全重点部位检查记录簿							纸质	
25	规章文电命令摘抄簿	电子							
26	铁路行包业务办理限制	电子							
27	行包运输密度表								纸质
28	行李包裹装卸交接证								纸质
29	铁路公文物品运送单								纸质
	纸质资料配置总数	6	2	2	2	2	3	1	7

（2）管内列车业务资料配置（见表 4–2）。

表 4–2　管内列车业务资料配置

顺号	名称	办公席	软卧车	硬卧车	软座车	硬座车	广播车	餐车	行李车
1	铁路旅客运输规程及补充规定	电子							
2	铁路客运运价规则	电子							
3	铁路旅客运输办理细则	电子							
4	铁路旅客运输管理规则	电子							
5	铁路客运运价里程表	电子							
6	旅客票价表	电子							
7	行李包裹运价表	电子							
8	铁路局客运规章汇编	电子							
9	铁路旅客运输服务质量规范	电子							
10	旅客列车客运工作(作业)标准	电子							
11	列车消防安全台账	电子							
12	客运记录	纸质							纸质
13	电报	纸质							纸质
14	车内补票移交报告表	纸质							
15	乘务报告	电子							
16	旅客列车防火安全及设备设施“三乘检查”登记簿	纸质							

◆学习笔记◆

续表

顺号	名称	办公席	软卧车	硬卧车	软座车	硬座车	广播车	餐车	行李车
17	特殊重点旅客服务交接簿	纸质							
18	班组乘务日志	纸质							
19	广播资料汇编						纸质		
20	视频、音频文件目录						纸质		
21	安全重点部位检查记录簿							纸质	
22	规章文电命令摘抄簿	电子							
23	铁路行包业务办理限制	电子							
24	行包运输密度表								纸质
25	行李包裹装卸交接证								纸质
26	铁路公文物品运送单								纸质
27	行李车乘务工作记录								纸质
	纸质资料配置总数	6					2	1	6

3. 列车员作业流程及标准

1）空调车列车员作业流程及标准

（1）出乘会。

①按规定时间到段参加班组出乘会。

②听取列车长布置本趟乘务重点工作，主动将烟火交列车长统一保管。

③携带规定证件及相关业务资料、票据、报表。

（2）出乘点名。

①集体到派班室报到，穿着规定服装，佩戴职务标志。

②听取派班员传达上级有关文电、命令、指示。

（3）接车。

①排成两列纵队，拎包方向统一，按照规定行走路线进站（入库）接车。

②与看车人员交接卧具、备品情况，发现缺少、损坏向列车长报告。

③检查、验收车内保洁质量，督促保洁人员整改存在的问题。

④检查车内上水情况，发现车内缺水向列车长报告。

⑤按规定项点检查服务设施设备，发现问题填写在乘务工作日志上，并报告列车长。

◆学习笔记◆

⑥定位摆放服务备品、资料，检查外悬挂物加固、粘贴情况，门、窗加锁，对塞拉门进行试验，做好出库准备工作。

⑦开启车内空调、电茶炉等设备的开关，进行车内预冷、预热，卧车列车员为暖瓶注水。

（4）始发作业。

①广播预告内容播出后，整理服装、制帽、职务标志、仪容仪表。

②接广播通知出场立岗，开门、卡牢翻板、擦扶手、安放安全渡板和警示带（高站台），面向旅客放行方向立岗（高站台时不背对车厢连接处立岗）。

③开始检票上车作业，扶老携幼，结合服务做好安全宣传工作。双班作业时，车上列车员引导旅客到座席、铺位，安置物品，做好禁烟宣传。

④开车铃响或哨响，脚踏安全线、面向出场门立岗，铃停或哨止，两步登车，放翻板；收取安全渡板和警示带（高站台），面向站台立岗。

⑤始发五步作业。

第一步：车门管理。列车起动后关、锁车门，面向站台行注目礼，身体位于车门中部，后脚跟与翻板后沿平齐，列车出站台时检查、瞭望四门，开厕所，互检相邻车厢四门。自、互检车门时按“N”形顺序检查，自检车门时开上锁、拽把手检查确认下锁锁闭，再锁上锁，确认双锁锁闭；互检车门时只拽把手检查，不开锁（塞拉门除外，自、互检时只检查防开链及指示灯状态）。

第二步：擦抹通道、通过台。确保地面洁净、无泥垢、无烟头、无口香糖。

第三步：车内整容。确保行李架物品摆放安全、整齐，铁器、锐器、易碎品、大件物品严禁放置在行李架上，衣帽钩仅限挂衣帽、服饰。

第四步：去向登记（“4、6”字头列车除外）。始发后及22:00开启半灯前登记旅客去向。

第五步：安全检查。对车窗及重点安全部位和“三品”进行检查。

（5）途中作业。

①途中五步作业。

第一步：检查。确保车门、配电室门、车窗锁闭，压角压住翻板，

◆学习笔记◆

电气设备运用良好，车内温度适宜，上水站前后确认水量状态。

第二步：收倒。对茶桌和烟灰盒进行清理，及时回收硬质包装物品，做到垃圾不落地，桌面无杂物。

第三步：擦抹。对洗面间、通过台、照面镜、垃圾箱、电茶炉、地面等部位进行擦抹。做到地面无积水，厕所冲刷及时、无积便、无积水、无异味，照面镜光亮、无水渍。

第四步：整容。对车内行李架、衣帽钩、窗帘、座席套、头靠套进行整理，达到整齐、美观、牢固，窗帘、座席套、头套不脱落；通过台、过道、洗面间、车门口无大件物品堵塞、占用。

第五步：组织。硬座车列车员要通告站名、站停时间，引导重点旅客到车门等候下车；卧铺车到站前提前 30 min 换票，做好下车准备。

②在乘降所、重点区段配合乘警进行“三品”开包检查。

③会让和待避动车组前，加强车内巡视，做好安全宣传，检查车窗锁闭状态。待避动车组时，坚守车门，监控车内，严禁旅客下车。

④垃圾在指定站装袋扎口投放，有风雨棚的站台放在就近的风雨棚立柱旁，无风雨棚的放在安全线以外或指定位置，投放垃圾必须在旅客乘降完毕后进行；严禁向车外抛扔杂物，回收的硬质物品装袋隐蔽存放。

⑤运行中配合列车长按规定查验车票。

⑥列车运行在市区、长大隧道、大桥和站停 3 min 以上的停车站应锁闭厕所；中途停车站提前 5 min，直辖市车站、省会所在地城市车站和列车终到站提前 10 min 锁闭厕所，出站后及时开启厕所，对特殊情况急需使用厕所的旅客，应提供方便；采用集便装置的列车应及时清理厕所废弃物，吸污、未供电时及单双管客车混编时，在全列制动机试验前应锁闭厕所，其他时间可不锁闭厕所。运行途中因列车管压力下降被迫停车时，按照车辆乘务员要求，将集便式厕所锁闭。

⑦列车运行途中为重点旅客提供必要的服务。

⑧列车上下车超过 30 人以上时必须双开车门（高站台除外）。双开车门时，站在两车门中间站台安全线处立岗，面向车门组织旅客乘降，做好扶老携幼工作。

⑨便乘铺凭单程有效的便乘证和司机报单在便乘区段使用，便乘证加盖“已乘”章，下车前交还本人。票夹入屉（柜）加锁保管。

⑩进站提前到岗试开车门（塞拉门除外），停稳开门，卡牢翻板、

◆学习笔记◆

放安全渡板（高站台），擦扶手，出站台自、互检车门，瞭望；到站锁闭卧车端门；列车运行中，硬座与软座、硬卧车连接处应加强管理，防止旅客越席乘车。

⑪列车昼间通过隧道或停在高架候车室下时开启半灯；22:00后软、硬座车开启半灯（始发、终到站及客流量大的停站除外），硬卧车关闭顶灯、开启地灯。

⑫进软卧车包房前应先敲门，经同意后方可进入。软卧旅客下车后，及时清扫卫生、整理卧具，昼间运行途中，随时清理房间卫生。

⑬旅客集中用餐时间，禁止用垃圾袋直接收取垃圾；禁止在软卧车用垃圾袋直接收取垃圾。

⑭卧铺车熄灯前提醒旅客做好睡前准备，同时拉合窗帘，将旅客茶杯及物品放在走道空茶桌上，宣传夜间安全注意事项，了解重点旅客服务需求。

⑮硬卧车熄灯后，下铺旅客鞋摆在下铺中部地面，中上铺旅客鞋摆在下铺端头处地面（半包式卧铺，旅客鞋从铺内下铺端头处地面开始摆齐）。

⑯卧车列车员夜间在边座值岗（列车运行方向第三个边座，面向运行方向执岗），实行“一包二”乘务制度的乘务组在值乘车厢轮换巡视值岗。做好重点服务，对过往旅客问明事由，送出本车，对本车厢的旅客引导到铺位，不允许非本车旅客逗留。

⑰对卧车提前下车的旅客进行登记；对临时要求提前下车的旅客报告列车长、乘警，登记后方可下车。

⑱交接班时，交班班组进行全面清扫，接班班组与交班班组在本岗位面对面交接，交接工具备品、资料、介绍重点旅客及有关事项。

⑲途中因旅客责任产生的重污卧具，应取得当事旅客证明一份。遇有卧具污染要及时更换，并将卧具污染部位初步处理后单独存放。

⑳运行途中发现缺水应向列车长汇报，上水站到站前及开车后填写《沿途给水情况登记簿》。

㉑终到前，双班乘务的提前40 min进行作业，全面清扫、擦拭，做到不留垃圾、污水、粪便。

（6）终到作业。

①列车停稳开门，卡牢翻板，放安全渡板（高站台），擦扶手，扶老携幼，组织旅客下车。

◆学习笔记◆

②巡视车厢，发现旅客遗失物品交列车长、乘警处理。

③旅客下车后撤换卧具，撤下的卧具分类装袋，严重污染的卧具单独交接，定置存放。

④到达折返站，按出库标准全面做好折返整备和库内看车工作；休班人员统一列队到公寓休息。

（7）返程作业。

①按时参加返乘会，听取列车长总结往程工作，部署返程重点工作。

②返程作业与往程作业相同。

（8）退乘交班。

①各种资料、工具备品归位，与接车人员进行交接；卧车列车员与接车人员进行卧具交接；损坏、丢失备品，及时请领、补齐；卧具、备品丢失、损坏时，列车长认真记录，乘务员签字确认。

②退乘人员在站台集合，统一列队到派班室点名退乘。

③参加退乘会，听取列车长讲评趟班工作及考核结果。

2）非空调车列车员作业流程及标准

（1）出乘会。

①按规定时间到段参加班组出乘会。

②听取列车长布置本趟乘务重点工作，主动将烟火交列车长统一保管。

③携带规定证件及相关业务资料、票据、报表。

（2）出乘点名。

①集体到派班室报到，穿着规定服装，佩戴职务标志。

②听取派班员传达上级有关文电、命令、指示。

（3）接车。

①排成两列纵队，拎包方向统一，按照规定行走路线进站（入库）接车。

②与看车人员交接卧具、备品情况，发现缺少、损坏向列车长报告。

③检查、验收车内保洁质量，督促保洁人员整改存在的问题。

④整理茶炉室、离人加锁。

⑤检查车内上水情况，发现车内缺水向列车长报告。

⑥按规定项点检查服务设施设备，发现问题填写在乘务工作日志

上，并报告列车长。

⑦定位摆放服务备品、资料，检查外悬挂物加固、粘贴情况，车门、炉（室）门、厕所门加锁，车窗关闭，做好出库准备工作。

（4）始发作业。

①广播预告内容播出后，整理服装、制帽、职务标志、仪容仪表。

②接广播通知出场立岗，开门、卡牢翻板、擦扶手、安放安全渡板和警示带（高站台），面向旅客放行方向立岗（高站台时不背对车厢连接处立岗）。

③开始检票上车作业，扶老携幼，结合服务做好安全宣传工作。双班作业时，车上列车员引导旅客到座席、铺位，安置物品，做好禁烟宣传。

④开车铃响或哨响，脚踏安全线、面向出场门立岗，铃停或哨止，两步登车，放翻板，收取安全渡板和警示带（高站台），面向站台立岗。

⑤始发前，卧车列车员清空暖瓶存水，为暖瓶及时注入开水。

⑥始发五步作业。

第一步：车门管理。列车起动后关、锁车门，面向站台行注目礼，身体位于车门中部，后脚跟与翻板后沿平齐，列车出站台时检查、瞭望四门，开厕所，互检相邻车厢四门。自、互检车门时按“N”形顺序检查，自检车门时开上锁、拽把手检查确认下锁锁闭，再锁上锁，确认双锁锁闭；互检车门时只拽把手检查，不开锁。

第二步：擦抹通道、通过台。确保地面洁净、无泥垢、无烟头、无口香糖。

第三步：车内整容。确保行李架物品摆放安全、整齐，铁器、锐器、易碎品、大件物品严禁放置在行李架上，衣帽钩仅限挂衣帽、服饰。

第四步：去向登记（“4、6”字头列车除外）。始发后及22:00开启半灯前登记旅客去向。

第五步：安全检查。对锅炉、茶炉等重点安全部位和“三品”进行检查。

（5）途中作业。

①途中五步作业。

第一步：检查。确保车门、锅炉室门、茶炉室门锁闭，压角压住翻

◆学习笔记◆

板，锅炉水位及温度状态达标，锅炉室、茶炉室内地面清洁、无杂物，清灰桶不缺水，冬季翻板防寒垫摆放到位。上水站前后确认水量状态。

第二步：收倒。对茶桌和烟灰盒进行清理，及时回收硬质包装物品，装袋隐蔽存放，做到垃圾不落地，通过台无烟头，锅炉炉灰降温后水浸装袋处理。

第三步：擦抹。对洗面间、通过台、照面镜、垃圾箱、保温桶、地面等部位进行擦抹。做到地面无积水，厕所冲刷及时、无积便、无积水、无异味，照面镜光亮、无水渍。锅炉室地面无煤渣、积冰、可燃物，通过台无散落煤。

第四步：整容。对车内行李架、衣帽钩、窗帘、座席套、头靠套进行整理，达到整齐、美观、牢固，窗帘、座席套、头套不脱落；通过台、过道、洗面间、车门口无大件物品堵塞、占用。

第五步：组织。硬座车列车员要通告站名、站停时间，引导重点旅客到车门等候下车；卧铺车到站前提前 30 min 换票，做好下车准备。

②在乘降所、重点区段配合乘警进行“三品”开包检查。

③会让和待避动车组前，加强车内巡视，做好安全宣传，检查会让和待避一侧车窗是否关闭。待避动车组时，坚守车门，监控车内，严禁旅客下车。

④垃圾袋、炉灰袋在指定站扎口投放，有风雨棚的站台放在就近的风雨棚立柱旁，无风雨棚的放在安全线以外或指定位置，投放垃圾、炉灰必须在旅客乘降完毕后进行；严禁向车外清灰、抛扔杂物。发现旅客使用硬质包装物品，登记旅客的座位号、到站及硬质包装食品、饮品种类和数量，回收的硬质物品装袋隐蔽存放，随垃圾定点投放。

⑤运行中配合列车长按规定查验车票。

⑥列车运行在市区、长大隧道、大桥和站停 3 min 以上的停车站应锁闭厕所；中途停车站提前 5 min，直辖市车站、省会所在地城市车站和列车终到站提前 10 min 锁闭厕所，出站后及时开启厕所；对特殊情况急需使用厕所的旅客，应提供方便。

⑦列车运行途中为重点旅客提供必要的服务。

⑧列车上下车超过 30 人以上时必须双开车门（高站台除外）。双开车门时，站在两车门中间站台安全线处立岗，面向车门组织旅客乘降，做好扶老携幼工作。

⑨便乘铺凭单程有效的便乘证和司机报单在便乘区段使用，便乘证

◆学习笔记◆

加盖“已乘”章，下车前交还本人。票夹入屉（柜）加锁保管。

⑩无柱雨棚停车站，锅炉、茶炉要达到压火或“旺烧”状态，严禁冒浓烟。

⑪进站提前到岗试开车门，停稳开门，卡牢翻板，放安全渡板（高站台），擦扶手，出站台自、互检车门，瞭望；到站锁闭卧车端门；列车运行中，硬座与软座、硬卧车连接处应加强管理，防止旅客越席乘车。

⑫列车昼间通过隧道或停在高架候车室下时开启半灯；22:00 后软、硬座车开启半灯（始发、终到站及客流量大的停站除外），硬卧车关闭顶灯、开启地灯。

⑬进软卧车包房前应先敲门，经同意后方可进入。软卧旅客下车后，及时清扫卫生、整理卧具，昼间运行途中，随时清理房间卫生。

⑭旅客集中用餐时间，禁止用垃圾袋直接收取垃圾；禁止在软卧车用垃圾袋直接收取垃圾。

⑮卧铺车熄灯前提醒旅客做好睡前准备，同时拉合窗帘，将旅客茶杯及物品放在走道空茶桌上，宣传夜间安全注意事项，了解重点旅客服务需求。

⑯硬卧车熄灯后，下铺旅客鞋摆在下铺中部地面，中上铺旅客鞋摆在下铺端头处地面（半包式卧铺，旅客鞋从铺内下铺端头处地面开始摆齐）。

⑰卧车列车员夜间在边座值岗（列车运行方向第三个边座，面向运行方向执岗），实行“一包二”乘务制度的乘务组在值乘车厢轮换巡视值岗。做好重点服务，对过往旅客问明事由，送出本车，对本车厢的旅客引导到铺位，不允许非本车旅客逗留。

⑱对卧车提前下车的旅客进行登记；对临时要求提前下车的旅客报告列车长、乘警，登记后方可下车。

⑲交接班时，交班班组进行全面清扫，对锅炉进行清理，确保不缺水、不超温，温度达标，填记交接记录；接班班组与交班班组在本岗位面对面交接，交接工具备品、资料、锅炉状态，介绍重点旅客及有关事项。

⑳途中因旅客责任产生的重污卧具，应取得当事旅客证明一份。遇有卧具污染要及时更换，并将卧具污染部位初步处理后单独存放。

㉑运行途中检查车内饮用水情况，确保保温桶不缺水，车内生活用

◆学习笔记◆

水缺水时，立即报告列车长，上水站到站前及开车后填写《沿途给水情况登记簿》。

㉒终到前，双班乘务的提前 40 min 进行作业，全面清扫、擦拭，做到不留垃圾、污水、粪便。

（6）终到作业。

①列车停稳开门，卡牢翻板，放安全渡板（高站台），擦扶手，扶老携幼，组织旅客下车。

②巡视车厢，发现旅客遗失物品交列车长、乘警处理。

③旅客下车后撤换卧具，撤下的卧具分类装袋，严重污染的卧具单独交接，定置存放。

④到达折返站，按出库标准全面做好折返整备和库内看车工作，与锅炉焚火人员认真交接，休班人员统一列队到公寓休息。

（7）返程作业。

①按时参加返乘会，听取列车长总结往程工作，部署返程重点工作。

②返程作业与往程作业相同。

（8）退乘交班。

①各种资料、工具备品归位，确保锅炉不缺水、不超温、温度达标，与接车人员进行交接；卧车列车员与接车人员进行卧具交接；损坏、丢失备品，及时请领、补齐；卧具、备品丢失、损坏时，列车长认真记录，乘务员签字确认。

②退乘人员在站台集合，统一列队到派班室点名退乘。

③参加退乘会，听取列车长讲评趟班工作及考核结果。

◆学习笔记◆

4.2 动车组列车乘务岗位作业流程及标准

1. 动车组列车长作业流程及标准

1）出乘作业

（1）组织召开出乘会，传达文件、命令、电报，总结上趟乘务工作，布置本趟乘务任务。收缴列车员烟火，检查列车员仪容仪表、标志、证件。

（2）检查电报、客运记录、便携式补票机、防盗防抢箱、站车客运信息无线交互系统手持终端、GSM-R 手持终端、手持电台、急救药箱（盒）等乘务备品，确认设备状态良好，电量充足。

（3）到派班室接受派班员命令、指示。按时出乘，命令、指示记录准确、无遗漏，乘务任务明确。

2）接车作业

（1）组织乘务人员整齐列队，按规定线路行走，步伐一致，箱（包）在同一侧，列车长在队伍尾部行走。始发前 30 min（站台交接时，进站前 15 min）到达站台指定地点接车。

（2）接车后，票据入柜加锁，重设金柜密码，备品定位摆放，登录站车客运信息无线交互系统，注册 GSM-R 手持终端。与质检员（交班列车长）办理业务交接，做到交接清楚、全面。

（3）检查列车设备设施情况，对《动车组固定服务设施状态检查记录》中记载的问题进行确认，对于新出现的设备故障，及时通知随车机械师进行处理，无法修复时做好记载，与随车机械师签字确认。

（4）检查应急备品状态；检查列车出库卫生保洁质量及易耗品、清扫工具定位情况；确认列车满水情况，督促列车员安装视频监控设备。

（5）检查餐售人员着装、证件，收缴烟火，统一保管并做好登记。布置趟班重点工作，检查商品摆放、快件堆码等情况。

（6）与商务、特、一等座车厢的列车员确认商务、特、一等座饮品、休闲食品和专项服务备品领取数量，与餐车长签字交接。

（7）在立岗位置与车站指定高铁快件交接人员按装载清单办理交接。

◆学习笔记◆

3）开车前作业

（1）与司机对时后，立即与列车员对时，做到时间准确一致。

（2）检查列车员、餐售人员按标作业情况，了解餐车饮食品配备数量。车站检票时，在指定车门处面向旅客放行方向立岗，迎接旅客上车，与车站办理业务交接。

（3）开车前，提示广播员播放广播，监听内容。

（4）开车前，列车长接到车站关于客运有关的作业完毕通知和列车员关于旅客乘降完毕的汇报后，按规定通知司机或随车机械师关闭车门（重联时，后组列车长确认本组作业完毕后，向前组列车长报告）。

（5）遇动车组初起叫停等特殊情况时，及时采取措施，妥善处理。

4）开车后作业

（1）确认视频显示屏、广播、电子显示屏的播放及显示内容准确，音量适中。

（2）未配备乘警的，由列车长兼职行使列车安全员职责。加强车厢巡视，提示旅客保管好携带的贵重物品，防止各类案（事）件的发生；及时掌握车内治安动态，积极调解旅客矛盾纠纷，对调解和处理不了的，要立即报告公安指挥中心，并先行固定、提取相关证据。

（3）加强安全宣传，落实岗位防火责任制。提示旅客遵守安全乘车规定，及时制止可能损坏车辆设施和影响安全的行为。加强“危险品”查堵，落实动车组列车禁烟制度，及时检查卫生间、通过台等重点部位，发现旅客吸烟时及时制止，按规定移交公安部门依法处理。未配备乘警的，会同随车机械师对灭火器、安全锤等防火、安全设备进行检查，发现问题及时报告公安部门。

（4）检查车门、翻板、各柜门锁闭状态；检查行李架、衣帽钩、大件物品摆放，以及商品、高铁快件堆码情况；巡视电茶炉、卫生间等部位，确保设备良好，通道畅通，卫生整洁，备品充足，温度适宜。

（5）检查车厢视频监控设备的安装、开启及电量情况。

（6）掌握车内旅客动态，积极做好服务工作，耐心解答问询，落实“首问首诉”负责制，积极响应旅客诉求，遇有重点旅客主动提供帮助。

5）途中作业

（1）根据站车客运信息无线交互系统提供的乘车席位信息，核对空余座位及乘车人数，检查列车员席位核对执行情况，办理实名制补票、挂失补及电子客票等业务，处理违章态度和蔼，执行规章熟练准

◆学习笔记◆

确，减少对旅客的干扰。

(2) 检查列车员作业情况。规范作业行为，发现问题及时纠正、考核。

(3) 检查餐售作业情况。规范电器设备管理，使用中不离开操作区域，离人及时断电。微波炉、电烤箱内油垢“一餐一清”，清理立式保温柜、冰箱的内部；食品、商品符合相关安全要求，报废商品规范管理；规范商品摆放、不堵塞通道；规范售货行为，要求相关人员及时找零、提供发票，不得频繁进入车厢、高声叫卖。

(4) 检查动态卫生情况。确保清洁推车作用良好、定位停放，督促列车员加强电茶炉、卫生间等重点部位的保洁工作，易耗品及时补充，卫生间及时冲洗。检查小桌板、座椅面、地面上杂物清理情况，确保卫生随脏随扫、垃圾袋满溢及时更换、定点摆放。跟踪检查卫生质量问题，准确考核。

(5) 督促相关人员及时更换满溢的垃圾袋，系紧扎严，防止液体外漏，放于非乘降车门侧，不得放在车厢连接处或车门翻板上。在垃圾投放站指定位置投放垃圾。

(6) 加强设备设施检查，做好爱车宣传，发现故障及时通知机械师到场处理，对不能立即修复的设备故障，及时填记《动车组固定服务设施状态检查记录》。

(7) 运行途中巡视、检查高铁快件码放、外包装、施封等状况，发现异常及时妥善处理。

(8) 运行途中确认视频显示屏、广播、电子显示屏的播放及显示。确保内容准确、音量适中、播报及时。逢用餐时间播放用餐广播。遇自动播报故障时，及时进行人工广播或人工宣传，到站前提示列车员宣传到位、到指定车门处引导。

(9) 到站前，巡视车厢，到指定车门位置立岗，加强宣传引导。在有上水、吸污作业的车站到站前，组织列车员对车厢用水情况进行统计，有严重缺水或污物箱满溢的，提前与前方站联系。

(10) 遇有列车晚点时，向司机了解晚点原因，及时上报晚点情况，统一口径向旅客做好解释和安抚工作，掌握中转换乘旅客情况。

(11) 运行中遇有突发情况时，立即通报相关人员，启动应急预案，按各自岗位职责分工妥善处理，逐级汇报；涉及有关行车问题时，及时向司机报告，听从司机的统一指挥。

◆学习笔记◆

6）站停作业

（1）中途站停车时，在指定位置立岗，监控旅客乘降情况，与车站办理交接。督促列车员对在车门处逗留和吸烟的旅客加强安全提示，避免漏乘。

（2）在垃圾投放站，督促相关人员及时将垃圾袋投放在指定位置。

（3）开车前，接到车站与客运有关的作业完毕通知和乘务员关于旅客乘降完毕的汇报后，按规定通知司机或随车机械师关闭车门（重联时，后组列车长确认本组作业完毕后，向前组列车长报告）。

（4）做好站车交接工作。

（5）中途站有上水、吸污作业时，列车长得到车站客运人员上水、吸污作业，旅客乘降等作业完毕的通知后，按规定发车，做到联控用语准确。中途上水站开车后，确认车内水量，做好记录。

（6）在高铁快件办理站，监督押运人员快速装卸高铁快件，与押运人员办理交接。

（7）遇动车组初起叫停等特殊情况时，及时采取措施，妥善处理。

7）终到前作业

（1）全面巡视车厢，检查防火安全、设备设施状态，进行全面卫生清理。检查列车员使用清洁车收取垃圾、垃圾袋撤换及空余座位小桌板、遮光帘（幕）复位等情况。提醒旅客整理好随身携带的物品，做好下车准备。

（2）检查餐售到站前作业，检查餐台、后厨、前厅卫生的全面清理情况，按规定时间收取商品、货物，与餐车长核对饮品、休闲食品使用数量，签字确认。

（3）填记表报簿册，审核票据、清点票款。

（4）到站前监控视频显示屏、广播、电子显示屏的播放及显示，确保内容准确、音量适中。

（5）终到前将服务设施故障问题填写在《动车组固定服务设施状态检查记录》内，与机械师签字确认；客运班组交接班时，对《动车组固定服务设施状态检查记录》中记载的问题与接班列车长做好交接。

（6）到站前，巡视车厢，到指定车门位置立岗，加强宣传引导。

8）终到（折返）作业

（1）列车到站停稳后，提示广播员播放广播，监听音量。在指定车门处立岗，与车站办理业务交接。

(2) 旅客下车完毕后，全面巡视车厢，检查终到卫生，发现旅客遗失物品及时交车站处理。

(3) 在立岗位置与车站指定高铁快件交接人员按装载清单办理交接。

(4) 检查折返卫生质量和备品补充情况，协助进行车内整容，按标准进行考核。

(5) 确认折返站列车上水情况，做好记录。

(6) 终到后，督促列车员回收视频监控设备。

9) 退乘作业

(1) 组织列车员收取剩余易耗品，整理乘务备品，清洁工具定位放置，与客运质检员（接班列车长）办理业务交接。交接事项清楚、手续完备。

(2) 恢复金柜初始密码，由专人护送（配备乘警的，由乘警护送）到规定地点解款。

(3) 按规定线路退乘，组织乘务班组召开退乘会，点评趟班工作，返还烟火。列车补票、通信等设备，相关备品、表簿按规定交接。

(4) 入公寓休整时，按照规定线路统一列队行走，遵守待乘纪律，外出执行请假制度，坚持两人以上同去同归。折返出乘前组织召开出乘会，收缴烟火。

2. 动车组列车员作业流程及标准

1) 出乘作业

(1) 准时参加出乘会，接受上级命令、指示，趟班乘务任务明确，主动将烟火交列车长统一保管。

(2) 整理仪容仪表，着装规范整齐，备品、证件携带齐全，个人使用的设备状态良好。

(3) 列队到派班室接受点名，接受派班员命令、指示。

2) 接车作业

(1) 列队整齐，按规定线路行走，步伐一致，箱（包）在同一侧，始发前 30 min（站台交接时，进站前 15 min）到达站台指定地点接车。

(2) 接车后，乘务备品定位摆放，安装、开启视频监控设备，检查设备设施、卫生质量情况及清扫工具定位情况，检查上水情况。发现问题及时报告列车长。

(3) 负责商务、特、一等座车厢的列车员与餐售人员清点商务、

◆学习笔记◆

特、一等座饮品、休闲食品和专项服务备品数量，检查定置摆放情况，并向列车长报告。

（4）在高铁快件办理站检查车站装卸人员装卸、码放作业情况，确认高铁快件施封、外包装情况及件数，并向列车长报告。

（5）广播员检查、调整广播系统内的担当车次信息。

3）开车前作业

（1）与列车长对时，做到时间准确一致。

（2）车站检票时，在分工车厢，引导重点旅客就座、协助安放行李物品。

（3）开车前，广播员播放广播，列车员监控视频显示屏、广播、电子显示屏的播放及显示情况，发现异常及时报告列车长。

（4）开车前 5 min，到指定车门处立岗。

（5）开车前，确认旅客乘降、高铁快件和餐车物品装卸完毕后报告列车长。

（6）遇特殊情况时，立即向列车长汇报，采取措施，妥善处理。

4）开车后作业

（1）广播员播放广播，列车员监控视频显示屏、广播、电子显示屏的播放及显示情况，发现异常及时报告列车长。

（2）加强安全宣传，落实岗位防火责任制。提示旅客遵守安全乘车规定，及时制止可能损坏车辆设施和影响安全的行为。加强“危险品”查堵，落实动车组列车禁烟制度，及时检查卫生间、通过台等重点部位，发现旅客吸烟，及时制止并报告。

（3）检查车门、翻板、各柜门锁闭状态，发现故障及时报告列车长；检查行李架、衣帽钩、大件物品摆放处的物品摆放情况，检查商品摆放情况，检查高铁快件堆码、施封、外包装及件数等情况，清理电茶炉、卫生间等部位。确保设备良好，通道畅通，卫生整洁，备品充足，温度适宜。

（4）掌握车内旅客动态，积极做好服务工作，耐心解答问询，落实“首问首诉”负责制，积极响应旅客诉求，遇有重点旅客主动提供帮助。

5）途中作业

（1）核对席位，统计乘车人数，对持电子客票旅客的乘车信息进行核实，发现挂失补或乘车条件不符的人员，及时引导，并报告列车长。

（2）加强车内整容工作，对空余座位的小桌板、遮光帘（幕）、杂

◆学习笔记◆

志、座椅扶手、脚蹬等及时复位；及时清理座席面上的杂物；及时整理行李架、衣帽钩、大件行李存放处，保持通道畅通。

（3）加强安全宣传，遇儿童在车厢内跑动、坐在小桌板上或运行中在座席上站立，及时劝阻。加强“危险品”查堵，落实动车组列车禁烟制度，及时检查卫生间、通过台等重点部位，发现旅客吸烟，立即制止并及时报告。

（4）广播员播放广播，列车员监控视频显示屏、广播、电子显示屏的播放及显示情况，发现异常及时报告列车长。

（5）主动为商务座旅客介绍商务座设备设施，免费提供餐食、饮品、休闲食品和专项服务备品；为特、一等座旅客免费提供饮品和休闲食品。

（6）加强爱车宣传，及时制止旅客在车厢内大声喧哗、脚搭桌板、穿鞋躺在座席上等不文明乘车行为。

（7）宣传旅行常识，主动向旅客介绍设备设施使用方法，引导使用轮椅的旅客至专用区域（有安全带时应使用安全带固定轮椅）。

（8）监控餐售行为。及时制止餐售人员频繁进入车厢及高声叫卖，发现问题及时报告列车长。

（9）随时清理卫生间，确保无便迹、无异味；重点监控电茶炉，确保无杂物、无水渍；及时更换、补充清洁袋、卫生纸、擦手纸等服务备品；及时清理小桌板、座椅面（网兜）；地面卫生随脏随扫，确保无杂物；拖布洗净拧干，确保地面无水迹。不得戴胶皮手套或手持垃圾袋进入客室内作业。电茶炉、手把杆、垃圾箱投掷门等白钢部件擦拭光亮。及时更换满溢垃圾袋，垃圾袋系紧扎严，防止液体外漏，放于非乘降车门侧，不得放在车厢连接处或车门翻板上，在垃圾投放站指定位置投放。

（10）到站前，到指定车门位置立岗，加强宣传引导。

（11）上水站到站前、后对车厢水位进行检查并报告列车长。

（12）遇有列车晚点，要坚守岗位，统一口径向旅客做好解释和安抚工作。列车晚点时间较长时，掌握特殊重点旅客服务需求，对中转换乘的旅客进行统计，及时报告列车长。

（13）运行中遇有突发情况时，立即报告列车长，听从指挥，按照岗位职责分工，妥善处理。

6）站停作业

（1）中途站停车时，监控旅客乘降情况，对在车门处逗留和吸烟的旅客进行安全提示，防止其漏乘。

◆学习笔记◆

（2）在垃圾投放站指定位置投放垃圾袋。

（3）确认旅客乘降、高铁快件和餐车物品装卸完毕后，及时报告列车长。

（4）遇特殊情况时，立即汇报、采取措施，妥善处理。

7）终到前作业

（1）全面巡视车厢，检查防火安全、设备设施状态。对空余座位遮光帘（幕）、小桌板、座椅（扶手）和脚蹬等进行复位。

（2）全面清理卫生，清理小桌板、座椅面、地面上的杂物，对电茶炉、卫生间、通过台进行全面擦拭，确保无污渍、无水迹，白钢部件光亮。

（3）使用清洁车收取垃圾，及时更换满溢的垃圾袋，系紧扎严垃圾袋，在垃圾投放站指定位置投放。垃圾袋损坏时要及时套袋，防止外漏。

（4）兼职广播员播放广播，列车员监控视频显示屏、广播、电子显示屏播放及显示情况，发现异常及时报告列车长。

（5）负责商务、特、一等座车的列车员与餐售人员清点饮品、休闲食品和专项服务备品数量，并向列车长报告。

（6）到站前，提醒旅客整理好随身携带的物品，帮助特殊重点旅客提前到车厢门口处做好下车准备，到指定车门位置立岗。

8）终到（折返）作业

（1）列车到站停稳后，广播员播放广播，列车员监控视频显示屏、广播、电子显示屏的播放及显示情况，发现异常及时报告列车长。在指定车门处立岗，组织旅客下车。

（2）旅客下车完毕后，巡视车厢，全面清理卫生，整理车容，补充（回收）易耗品。发现旅客遗失物品及时报告列车长。

（3）在垃圾投放站指定位置投放垃圾。

（4）在折返站协助保洁员旋转座椅方向，对车厢水位进行检查、确认并报告列车长。

9）退乘作业

（1）收取剩余易耗品，整理乘务备品，确认齐全，下车列队。

（2）按规定线路退乘，参加退乘会。

（3）在公寓休整时，遵守待乘纪律，外出执行请假制度，坚持两人以上同去同归。折返出乘前参加出乘会，主动将烟火交列车长统一保管。

◆学习笔记◆

3. 餐饮列车员作业流程及标准（动车组）

1）出乘作业

（1）餐车长按照规定时间请领票据，预测客流餐饮需求，提报请领计划，确认菜单公示牌、插页展示商品与实物相符。保证盒饭和预包装饮用水高中低档分层分类配备，不同价位盒饭不少于三种。

（2）整理仪容仪表，确保着装、标志规范整齐，备品、证件携带齐全，设备设施状态良好。

（3）到调度室报到，接受命令、指示及应知应会业务试问。按时出乘，确保命令、指示记录准确，无遗漏，乘务任务明确、回答准确。

（4）餐车长出乘前使用 PDA 餐饮核算管理终端机（以下简称“PDA 终端机”）下载数据信息，核对库存。

2）接车作业

（1）整齐列队，按规定线路行走，步伐一致，箱（包）在同一侧，餐车长在队伍尾部，始发前 40 min（车体到达站台前 15 min）在站台指定地点接车，向列车长请示趟重点工作，主动将烟火交列车长统一保管。

（2）餐车长与搬运人员办理商品交接，使用餐车上货门时，作业完毕后，餐车长应立即锁闭上货门，与机械师共同确认；使用旅客乘降门上货时，应在临近指定车门上货，礼让旅客，不干扰旅客乘降。

3）开车前作业

（1）搬运商品时，轻拿轻放，码放整齐，大不压小，重不压轻，定位摆放，不堵通道。

（2）定位摆放商品、货物、个人物品及售货车，按规定摆放展示柜、售货车内的物品，按规定储存冷链食品，确保销售的商品质价相符，明码标价，一货一签，价签有铁路专用标志，提供发票。

（3）配送商务、特、一等座饮品、休闲食品及专项服务备品到指定车厢定位摆放，与列车员办理交接，并与列车长确认。

4）开车后作业

（1）检查设备设施情况，发现故障及时通知机械师到场处理，对不能立即修复的设备问题，报告列车长。

（2）做好商品销售准备工作，确保展示柜、售货推车内商品品种丰富，摆放整齐，价签无遗漏，包装无破损。

（3）与商务、特、一等座车列车员共同发放饮品、休闲食品。

5）途中作业

（1）全面做好商品销售工作，吧台全程实行站立服务。始发后

◆学习笔记◆

10 min、终到前 20 min 和途中到站前、开车后 5 min 内不进入车厢内流动售货。

（2）餐车长使用 PDA 终端机实时录入已销售的商品、盒饭信息。售货车销售商品需提前录入。

（3）在餐车或进入车厢推介、销售时，向旅客提供图文并茂的价目表，供旅客自主选择。进入车厢流动售货的频次应适当，并应轻推慢走，遇有旅客通行时须主动避让，采用问询售卖方式，声音适中，不得高声叫卖，出售商品及时找零、提供发票。及时回收旅客用过的餐盒。

（4）提供电话、流动订餐及送餐服务。订餐广播播放后，及时到车厢提供订餐服务，送餐准确、及时。

（5）随时整理、补充展示柜和售货车商品。补充售货车商品时，需将商品录入 PDA 终端机。对超过保质期限、包装破损、变质的商品、超过食用期限的自制食品和冷、热链餐食粘贴“报废”标识，单独固定位置存放，回收销毁。

（6）配合商务、特、一等座车列车员共同发放饮品、休闲食品。数量不足时及时补充。

（7）检查餐车防火安全，掌握餐车设施使用及应急处理方法，规范使用微波炉、电烤箱、咖啡机、保温柜等厨房电器，使用中不离开操作区域，离人及时断电。微波炉、电烤箱“一餐一清”，保温柜、冰箱随时清理，做到无油垢，无污迹。

（8）随时清理餐车卫生，物品定位摆放，餐台、吧台做到“一客一清”。及时更换满溢的垃圾袋，垃圾袋系紧扎严，防止液体外漏，放于非乘降车门侧，不得放在车厢连接处或车门翻板上。在垃圾投放站指定位置投放。

（9）对餐车广播、视频进行监听（看），发现问题及时报告列车长。

（10）根据商品销售情况，在中间站、折返站及时补货，保证高、中、低不同价位的预包装饮用水、盒饭不少于三种，备有清真餐食。在途中补货后，使用 PDA 终端机补录途中补货信息。

（11）运行中遇有突发情况时，听从列车长指挥，按各自岗位职责分工，妥善处理，逐级汇报。

6）终到前作业

（1）回收商务、特、一等座饮品、休闲食品及服务备品，与列车

◆学习笔记◆

员清点数量，办理交接，与列车长核对数量，签字确认。

（2）车底终到前 40 min 清点货物，整理装箱，码放整齐，大不压小，重不压轻，定位摆放，不堵通道。保持展示柜、售货车售货状态，不间断售货服务。终到前 10 min 整理展示柜、售货车商品。

（3）餐车长使用 PDA 终端机核对、清点货款，交接货品数量、品类，打印货品交接单，上传终到结账信息。

（4）全面清理餐车卫生，确保洗手盆无污物，无水迹，白钢部件光亮，地面、台面、柜面清洁无杂物，及时收取垃圾，垃圾入袋扎口存放。在垃圾投放站指定位置投放垃圾袋。垃圾袋损坏时要及时套袋，防止外漏。

（5）检查餐车设备设施情况，发现问题及时报告列车长。

7）终到作业

（1）到站后在指定位置投放垃圾。

（2）与搬运人员进行货物交接，签字确认。

8）退乘作业

（1）整理乘务备品，确认齐全，下车列队，按规定线路退乘，按规定解款。

（2）在公寓休整时，按照规定线路与客运班组统一列队行走，遵守待乘纪律，外出执行请假制度，坚持两人以上同去同归。折返出乘前参加出乘会。

◆学习笔记◆

4.3 普速铁路车站客运工种岗位职责

1. 售票班组岗位职责

（1）提供窗口、自动售（取）票机、铁路客票代售点等多种售票渠道，售票网点布局合理，管理规范。

①售票窗口和自动售（取）票机设置、开放的数量与客流量适应，日常窗口排队不超过 20 人。

②办理售票、退票、改签、换票、取票、变更到站、挂失补办、中转签证等业务，发售学生票、残疾军人票、乘车证签证等各种车票业务，支持现金、银行卡、扫码等支付方式。

（2）在售票处醒目位置公布售票时间和停售时间。工作时间内暂停售票时设有提示。用餐或交接班时间实行错时暂停售票。

（3）及时补充自动售（取）票机票据、零钞和凭条。设备故障等异常状况处置及时。

（4）票据、现金妥善保管，票面完整、清晰。票据填写规范，内容准确、无涂改，按规定加盖站名戳和名章。

2. 候车室客运班组岗位职责

（1）按规定实行实名制验证，核验车票、有效身份证件原件、旅客的一致性。

（2）安检设备的设置适应客流量和站场条件，做到秩序良好，通道顺畅。按列车开行方向、车次组织旅客有序候车，提醒旅客对超重、超大等物品办理托运。

（3）候车室（区）旅客可视范围内应有客运人员，客运人员须及时巡视、解答旅客咨询，妥善处置异常情况。车站设有值班站长。候车区提供车票改签和自助取票服务。

（4）开始、停止检票时间的设置适应客流量和站场条件，进站口有提前停止检票时间的提示。始发列车检票时间不晚于开车前 30 min。开始检票或列车到站前，通告车次、停靠站台等检票信息。

（5）检票通道数量适应客流情况。按照先重点旅客、后团体旅客、再一般旅客的原则，组织旅客排队检票进站，确认票、证、人相符后放行。

（6）对无票、日期车次不符、减价不符、票证人不一致等人员按规定拒绝乘车。

（7）停止检票前，通告候车室，避免旅客漏乘；停止检票时，关闭检票口，通告候车室和站台。

3. 站台客运班组岗位职责

（1）站台客运人员提前到岗，检查引导屏状态和显示内容、站台及股道情况。

（2）组织旅客按车厢位置在站台安全线内排队等候，列车停稳后先下后上、有序乘降。铃响时巡视站台，避免旅客漏乘。

（3）在列车中部办理站车交接。

（4）开车时间前打响开车铃。

（5）客流较大，始发终到列车 1 人值乘多个车厢、需双开车门时，车站负责值守增开的车门。

（6）同一站台有两趟列车同时进行乘降作业时，有宣传，有引导，避免旅客误乘。

4. 出站口客运班组岗位职责

（1）出站检票人员提前到岗，检查出站显示屏状态和内容。

（2）引导旅客排队检票、有序出站，核对车票及其他乘车凭证，防止尾随。遇有大客流可敞开出口。

（3）对违章乘车旅客及违章携带品进行妥善处理，票款收付准确。

（4）列车出站后及时清理，确保站台、通道无滞留人员。

（5）换乘客流大的车站根据需要设置站内换乘流线，配备相应的设备和引导标志。

5. 行包客运班组岗位职责

（1）及时、准确承运行包，确保品名相符，正确检斤、制票，运杂费收付无误，唱收唱付。

（2）承运限制运输的物品时，按规定查验相关的运输证明；需要押运的物品按规定办理押运手续。

（3）在装卸、搬运行包时轻搬轻放，大不压小，重不压轻，方不压圆，箭头向上，标签向外，堆码整齐。

（4）易碎品、流质物品或一级运输包装的放射性同位素，外包装上应粘贴或印制有安全标志。运输过程中发生行包包装松散、破损应及时修整，且有记录、有交接。

◆学习笔记◆

（5）核对到达行包票据，妥善保管，及时通知，准确验货，正确交付，按规定期限保管。对无法交付的行包及时公告，按规定处理。

（6）认真处理行包差错，发生行包损失先赔付、后定责。

（7）行包代办网点布局合理，管理规范。代办接取送达及时、准确、安全，收费规范。

（8）装卸人员经过装卸作业知识、技能和铁路安全知识培训，持证上岗。

（9）按规定实行实名制托运。核验有效身份证件原件与托运人的一致性。

（10）执行行包运输方案。装卸时，先卸后装，按照列车行李员指定货位码放，使用规定印章办理站车交接。

6. 给水、吸污客运班组岗位职责

（1）给水站根据给水方案配备给水人员，确保防护用具齐全，给水人员按指定线路提前到指定位置接送车，有人防护，同去同回。

（2）按规定程序及时上水，始发列车辆辆满水，中途站按给水方案补水，水管回卷到位（管头插入上水井内）。吸污站按规定进行吸污作业，保持作业清洁。作业完毕，向站台客运人员报告。

◆学习笔记◆

4.4　高速铁路车站客运工种岗位职责

1. 售票班组岗位职责

（1）提供窗口、自动售（取）票机、铁路客票代售点等多种售票渠道，售票网点布局合理，管理规范。

①售票窗口和自动售（取）票机设置、开放的数量与客流量适应，日常窗口排队不超过 20 人。

②办理售票、退票、改签、换票、取票、变更到站、挂失补办、中转签证等业务，发售学生票、残疾军人票、乘车证签证等各种车票业务，支持现金、银行卡、扫码等支付方式。

（2）根据车站客流及最早和最晚办理客运业务列车到发时刻，合理确定售票时间和停售时间，并在售票处醒目位置公布。开售时间不晚于本站首趟列车开车前 30 min，停售时间不早于本站最后一趟列车办理客运业务后 20 min。工作时间内暂停售票时设有提示。用餐或交接班时间实行错时暂停售票。

（3）及时补充自动售（取）票机票据、零钞和凭条。设备故障等异常状况处置及时。

（4）票据、现金妥善保管，票面完整、清晰。票据填写规范，内容准确、无涂改，按规定加盖站名戳和名章。

2. 候车室客运班组岗位职责

（1）按规定实行实名制验证，核验车票、有效身份证件原件、旅客的一致性。

（2）安检设备的设置适应客流量和站场条件，做到秩序良好，通道顺畅。

（3）候车室（区）旅客可视范围内应有客运人员，客运人员须及时巡视、解答旅客咨询，妥善处置异常情况。特大、大型车站设有值班站长。候车区提供车票改签和自助取票服务。贵宾候车区按规定配备专职服务员及验票终端等服务设备，提供免费小食品、饮品、报刊等服务。

（4）开始、停止检票时间的设置适应客流量和站场条件，进站口有提前停止检票时间的提示。开始检票或列车到站前，通告车次、停靠

◆学习笔记◆

站台等检票信息。

(5) 自动检票机通道和人工检票通道正常启用，检票通道数量适应客流情况，并设有商务座旅客快速检票通道。设两个检票口的，接发长编组、重联动车组列车时同时开启。按照先重点旅客、后团体旅客、再一般旅客的原则，引导旅客在自动检票机通道、人工检票通道分别排队等候，宣传自动检票机的使用方法，提醒旅客拿好车票或身份证，防止尾随。具备居民身份证自动识读检票条件的自动检票机正常启用。人工检票口核验车票和其他乘车凭证。

(6) 对无票、日期车次不符、减价不符、票证人不一致等人员按规定拒绝乘车。

(7) 停止检票前，通告候车室，避免旅客漏乘；停止检票时，关闭检票口，通告候车室和站台。

3. 站台客运班组岗位职责

(1) 站台客运人员提前到岗，检查引导屏状态和显示内容、站台及股道情况。

(2) 按站台车厢位置标志在站台安全线或屏蔽门内组织旅客排队等候，有序乘降。铃响时巡视站台，避免旅客漏乘。

(3) 短编组动车组列车在4、5号车厢之间；长编组动车组列车在8、9号车厢之间；重联动车组列车在列车运行方向前组第7、8位车厢之间办理站车交接。

(4) 开车时间前30 s打响开车铃，铃声时长10 s。

(5) 车站确认旅客乘降、上水、吸污和高铁快运、餐车物品装卸作业完毕后，使用无线对讲设备通知列车长与客运有关的作业完毕。

(6) 同一站台有两趟列车同时进行乘降作业时，有宣传，有引导，避免旅客误乘。

4. 出站口客运班组岗位职责

(1) 出站检票人员提前到岗，检查自动检票机、出站显示屏状态和内容。

(2) 引导旅客通过自动检票机通道和人工检票通道检票出站，具备居民身份证自动识读检票条件的自动检票机正常启用。人工检票口核对车票及其他乘车凭证，确保秩序良好，防止尾随。

(3) 对违章乘车旅客及违章携带品进行妥善处理，票款收付准确。

(4) 列车出站后及时清理，确保站台、通道无滞留人员。

◆学习笔记◆

（5）换乘客流大的车站根据需要设置站内换乘流线，配备相应的设备和引导标志。

5. 高铁快运客运班组岗位职责

（1）在装卸、搬运高铁快运集装件时要轻搬轻放，堆码整齐。合理安排装车计划，列车到站前将集装件提前搬运至站台指定位置，列车停稳后按计划装载；始发站在旅客上车前完成装车，中途站在开车铃响前完成装车；装卸作业不得干扰旅客乘降。装车完毕后向列车长汇报集装件装车位置及件数。

（2）运输过程中发生高铁快运包装松散、破损时，须有记录、有交接。

（3）到站卸车前，要提前到位，立岗接车。集装件外包装、施封破损或集装件短少的，凭客运记录检查或进行现场检查，核实现状，办理交接。

（4）遇高铁列车在站临时更换车底或终止运行时，协助列车客运乘务组完成集装件换乘，必要时临时看管卸下的集装件。

（5）高铁快运作业区无闲杂人员出入，无非高铁快运工作人员查找、搬运快件。发现非工作人员持集装件出站时当场制止。

（6）高铁快运装卸人员应经过装卸作业知识、技能和铁路安全知识培训，持证上岗。

6. 列车给水、吸污客运班组岗位职责

（1）给水站根据给水方案配备给水人员，确保防护用具齐全，给水人员按指定线路提前到指定位置接送车，有人防护，同去同回。

（2）按规定程序及时上水，始发列车辆辆满水，中途站按给水方案补水，水管回卷到位（管头插入上水井内）。吸污站按规定进行吸污作业，保持作业清洁。作业完毕，向站台客运人员报告。

模块 5
铁路班组生产现场管理

◆学习笔记◆

5.1 计划管理

生产是指根据车间（领工区）下达的班组生产计划，对班组的生产活动进行计划、组织、指挥、协调和控制，保证按质按量、安全均衡地完成班组生产任务。

班组生产作业计划是指在计划期内，规定生产班组应完成的总工作量，即完成的总工时、产量和产值。

生产计划是指在计划期内生产的产品品种、质量、产量、消耗和完成的期限。

生产作业计划是指把全年生产任务，具体地分配到领工区、工区，以至每个工作地和个人，规定月、日和小时内的具体生产任务。

1. 编制班组生产作业计划的原则

1）全面考虑，统筹安排

班组生产作业计划必须服从站段、车间（领工区）的生产作业计划，在站段、车间（领工区）的统一指挥和指导下，统筹安排，精心编制。

2）综合平衡，留有余地

在制订班组生产作业计划时，应充分利用班组的现有条件，把计划指标定得稍高一些，以利于调动全体人员的积极性，使生产能力得到充分发挥。

3）严肃认真，坚决执行

编制计划要严肃认真，执行时一丝不苟。要把计划落实到人，落实到岗位，严格考核，有奖有罚，计划的调整必须经领导批准，以维护生产作业计划的严肃性。

2. 编制班组生产作业计划的依据

（1）车间（领工区）下达的月计划的进度要求、调度会议的决议和上级布置的紧急任务。

（2）检查上期计划完成情况，对上期未完成的任务应优先安排。

（3）要详细检查生产准备情况，如材料、工装、技术文件等，凡不具备生产条件的，不能列入班组计划。

（4）掌握设备开动、职工出勤、定额完成等情况，做到编制作业

◆学习笔记◆

计划时心中有数。

3. 年度计划的编制

1）年度乘务计划的主要内容

乘务出乘工作地点、数量和进度；经常性的、常规性的工作重点和安排。

2）各项技术指标

（1）乘务设备状态评定合格率。

（2）乘务设备保养质量评定合格率。

（3）乘务服务质量评定合格率。

（4）劳动力和主要备品材料计划。

3）编制生产计划的条件

（1）班组长要熟悉班组情况（设备、人员及管辖范围等）。

（2）按照乘务服务质量标准、乘务设备维修和保养计划编制年度计划。

4）年度计划的项目

（1）计划的项目：乘务设备管辖数量，出乘地点和时间、使用备品、劳动力安排等。

（2）具体表格。

①出乘线路表。

②出乘人员安排表。

③乘务备品使用安排表。

④乘务设备维护表。

5）年度计划编制的依据

（1）结合年检报告进行主要工作量的调查，提供具体数据。

（2）考虑乘务状态变化规律，服务质量提高的程度及工区年度内的工作目标。

（3）段下达的“乘务计划”及有关指标。

（4）段“生产财务计划”分配的年度主要备品数量。

（5）《铁路旅客运输服务质量规范》等规定。

6）年度计划编制的程序

（1）根据本车间情况，结合上述依据，车间主任组织职工讨论后确定当年出乘任务、服务质量重点工作及达到的指标等。

（2）领工员审查、汇总各项指标，报段职能部门。

（3）由段职能部门审核、汇总各项指标，报主管段长审批。

4. 班组月度生产作业计划的编制

（1）班组长对照段下达的当月生产指标，以服务质量为重点，按先重点后一般的原则，科学合理地安排当月生产作业计划。

（2）统筹考虑常规出乘、临时出乘、热备出乘的各项用工比例，同时考虑日常工区管理用工需要。

（3）工日计算按每月实际出勤天数计算。

◆学习笔记◆

5.2 现场管理

现场是企业从事生产、销售、服务及研发等生产增值活动的场所。

现场管理是指为了有效地实现企业的经营目标，对生产过程诸要素进行合理配置和优化组合，使之有机结合达到一体化，以实现质量优良、成本低廉的综合管理。

1. 现场管理内容

1）执行每月生产计划

（1）安排作业人员，使生产流畅。

（2）训练及协助作业人员的工作。

2）准备每日的生产活动

（1）点检设施设备、工具、零件和材料备品。

（2）执行上级交付的工作任务。

（3）启动设备设施并确认其能运作正常。

3）跟催作业

（1）调查出现异常的原因。

（2）向上级报告。

（3）采取临时措施。

（4）设计永久对策。

（5）依指示协助作业。

4）作业完成后的工作

（1）准备下一班工作。如发现异常，要通知下一班人员。

（2）交接班。

（3）准备班组日报表。

5）处理突发情况。

（1）调查突发事件情况。

（2）按突发事件处理程序处理。

（3）确定原因并采取措施。

2. 班组长现场管理权限

1）工作联络

有权代表班组与企业有关单位联系工作。

2）拒绝使用不合格原材料

有权拒绝使用不合格的原料、物料、备料，但特殊情况经上级批准

◆学习笔记◆

的，应按指示执行。

3）决定换用备用设备

设备发生故障时，有权决定换用备用设备。

4）决定负荷的升降

在允许的范围内，征得调度同意后，有权决定工作负荷的升降。

5）有权拒绝抽调在班人员

有权拒绝抽调在班人员从事其他活动，若上级有具体指示，则应无条件执行。

6）发生异常现象时，有权建议停工处理

生产中出现异常现象，有权建议停工处理，经车间领导或调度同意后，按上级指示执行。

7）临时调整轮班安排

有权临时调整本轮班的作业人员。

8）监督按章作业

有权检查、督促各岗位工作，有权制止违章作业。

9）批准班组人员的临时假

对本班组人员，有权按规定批准假期。

10）奖惩建议

（1）对作业人员具有下列情况之一者，有权提出处理意见，并报告领导处理：违章作业不听劝阻者，不服从调动者，班前喝酒者，因病可能发生事故者。

（2）有权向车间提出奖惩本班组人员的建议。

11）召集班组活动

有权召集本班组人员开会或组织活动。

12）现场管理

（1）有权制止无正当手续的人员进入工作区域。

（2）在车间范围内，有权制止乱动设备的行为。

（3）有权拒绝各种违反规定的要求和指令。

3. 6S 管理

所谓 6S 管理，是指对生产现场的各生产要素（主要是物的要素）所处状态不断进行整理、整顿、清洁、清扫，以提高生产效率及确保作业安全的活动。

1）1S：整理

含义：先区分需要与不需要的事物，再对不需要的事物加以处理。

目的：腾出空间，防止误用、误送，打造整洁、清爽的工作环境。

◆学习笔记◆

整理的流程如图 5-1 所示。

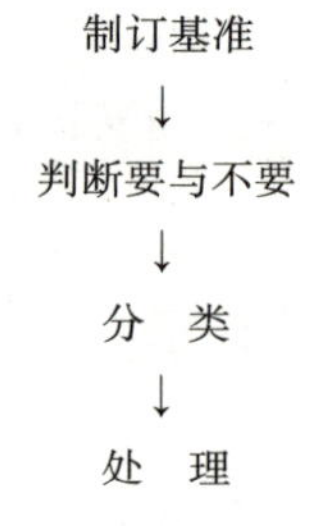

图 5-1 整理的流程

2）2S：整顿

含义：把需要的事、物加以定量和定位。

目的：使工作场所一目了然，整齐的工作环境有利于提高工作效率，提高产品和服务的质量，保障作业安全。

3）3S：清扫

含义：根据整理、整顿的结果，将杂物清除出去。

目的：培养全员讲卫生的习惯，创造干净、清爽的工作环境，使人心情舒畅。

4）4S：清洁

含义：在进行整理、整顿、清扫等管理工作之后，认真维护已取得的成果，使其保持最佳状态。

目的：巩固前几个管理环节的成果。

5）5S：素养

含义：通过前 4 个 S 的具体实施，逐步提高全员素质水准，促使每位成员养成良好的习惯，并结合会议等手段，表扬、鼓励先进职工。

目的：培养拥有良好习惯、遵守规则的职工，营造团结协作的团队精神。

6）6S：安全

含义：通过前 5 个 S 的具体实施，最终提升安全管理水平，防止事故的发生。

目的：加强职工的安全观念，使其具有良好的安全工作意识，更加注重安全细节。通过 6S 管理，不但能够降低事故发生率，而且能改善职工的工作条件。

模块 6
铁路班组安全应急管理

◆学习笔记◆

6.1　铁路班组安全应急管理的意义

“安全责任重于天”，安全是每个企业的头等大事，对铁路运输企业来说，更是如此。安全是一切工作的基础和前提，安全生产是企业做好各项工作的重要保证，搞好安全生产管理，是建设和谐社会的迫切需要，也是基层生产单位做好安全生产工作的基础。加强班组安全管理，是保证铁路运输生产安全的基础性工作。

1. 班组在铁路企业安全生产中的地位和作用

铁路各车站和车间的日常生产业务是由各工种的班组相互配合完成的。铁路运输企业要达到自己预定的安全生产目标，就必须通过分工合作，把任务由上而下逐层分配给较小的单位、部门去完成，而这种分配的最后一个层级就是班组。运输生产活动是以班组为单位展开的，安全生产的目标要在班组中实现，安全生产的记录也由班组来创造和保持。

1）班组是铁路企业安全管理的基础

生产班组由生产工人组成，生产工人是铁路运输安全活动的实践者。铁路运输中的各项技术指标、工艺规程、规章制度，都要在班组实施，而作为制订安全管理制度依据的大量原始记录、统计台账等，都要由班组提供。同时，班组在第一线从事生产实践，最了解生产关键环节和生产潜力所在，安全管理上的问题和薄弱环节，也最容易在生产班组反映出来。这样，生产班组为制订安全管理制度提供了事实依据、实践场所和检验手段，成为铁路运输安全管理的基础。

2）班组对铁路企业安全管理影响重大

铁路运输作为交通运输大动脉，线路遍布全国，需要车、机、工、电、辆等五个不同部门的协同合作，才能确保铁路运输的安全畅通。正是铁路自身的性质决定了它是高度集中、统一、联动的社会化大联动机。虽然各工种、各班组的生产活动是分散的，但绝对不是孤立的，班组是组成铁路运输安全生产链条上不可缺少的环节，任何一个环节的断裂，都会使一定范围乃至全局的正常运输秩序遭到影响和破坏。比如，某车站调车组在车站咽喉道岔区造成车辆脱轨，不仅影响本站的接发列车作业，而且影响整个区段的列车运行，如果是在繁忙干线上，甚至会

◆学习笔记◆

打乱全局、全路的列车运行秩序。

"牵一发而动全身"，班组的安全成绩，直接影响站段和全路的安全形势。

2. 加强铁路班组安全管理的措施

1）强化班组意识，提升班组自控力

班组是最基本的生产单元，是站段一切管理工作的落脚点，站段的各项专业管理和基础工作最终通过班组落实到生产现场。离开班组，管理将成为空中楼阁，安全也将成为一句空话。随着安全理念不断进步，体制的不断创新，传统"人盯人"的安全管理方式已不能满足需要，而须激发安全生产基本"细胞"的活力，不断增强生产一线的控制力。因此，优化班组管理成为现场管理的首要环节，加强自控型班组建设为现场安全生产提供了基础保证。

（1）选好班组长是关键。一个班组就是一个小家，班组长就是"家长"。班组长是安全管理的组织者，更是班组安全生产活动的指挥者和日常具体业务的执行者和参与者。所以，班组长既要有良好的沟通和协调能力，又必须精通本职工作。一个班组的好与坏，现场安全管理疏与密，班组长起着至关重要的作用。选好班组长，首先要建立班组长竞聘上岗制度，严格落实竞聘条件、竞聘范围和竞聘要求。其次，领导干部应该全力支持班组长，使其在工作中充分发挥自己的责权。最后，要进一步提高班组长的政治业务素质和管理水平。切实落实班组长责、权、利，调动班组长的工作积极性，充分发挥班组长在班组中的核心地位，从而达到建设自控型班组的目的。

（2）强化安全员的职能作用是保证。"一个好汉三个帮"，一个班组就是一个团队，安全员就是班组长的左膀右臂。加大安全员的职责，使安全员彻底做到卡控安全的作用。如果说一个好的班组是一串珍珠的话，那么安全员就是穿起这串珍珠的金线，班组长工作开展是否顺利、班组的任务达标都跟安全员有着很大的关系，因此，安全员的重要作用不容忽视。安全员也是后备班组长，作为现场第一监控人，应积极配合班组长的工作，实现班组的双达标（班组达标、队伍素质达标）。

◆学习笔记◆

（3）加强组员素质教育是基础。

一些职工在实际工作中不能自觉遵章守纪，日常工作中主要有以下七类违章违纪情况。

①在工作中抱着侥幸心理。

有的职工认为执行规章太烦琐，束缚太多，在作业中，简单、马虎一点无所谓，不会出事。领导在的时候他们作业较为标准、认真，领导不在场的时候，就放心大胆地违章违纪，简化作业。一旦碰到意外情况，手脚慌乱，容易酿成事故。

②凭着习惯作业。

有的职工平时不认真学习，对规章不甚了解，有的因文化水平低对规章一知半解，对非正常情况下的作业规定不清楚，遇到意外情况，也按平常的老习惯判断处理问题，最后出了事故只知其然而不知其所以然。

③工作不熟练，业务技能差。有的职工做事紧张忙乱，一旦遇到突发事件和非正常情况时，就忘了规章和作业顺序，造成失误，引发事故。

④作业中盲目求快，置规章制度于不顾。有的职工错误地认为“规章是死的，人是活的”，以蛮干为能力，随意简化作业，违章违纪，臆测作业，对安全运输生产构成威胁。

⑤胆大妄为，随心所欲。有的职工自以为和领导关系好，或是“拳头硬”脾气大，违章乱纪没人会管，没人敢管，即使出事了也可以想办法“私了”，可以推卸责任不受处罚。因此工作中胆大妄为，随心所欲，有章不循，这类人造成一般小事故时，推卸责任，一旦出了大事故往往一把鼻涕，一把泪，后悔不已。

⑥心理失衡，置规章制度于不顾。有的职工认为社会上某些垄断行业职工的收入高，自己的铁路工作又苦又累，加上生活带来的压力，心灰意懒；有的职工自认为怀才不遇，工作情绪低落；有的职工个人利益得不到满足，或是自认为受到不公平待遇，产生报复心理；有的职工受到处分或是扣罚工资、奖金，心怀不满。这些职工上班无精打采，为泄怒气，工作马虎了事，将规章和劳动纪律抛到脑后，这些对运输安全生产非常不利。

⑦碍于情面，违章违纪。有的职工本来也想遵章守纪，认真工作，

◆学习笔记◆

但面对每天一起上班，抬头不见低头见的其他人，看到他们不讲规章，简化作业，自己怕伤了和气，也只好违心地配合他们，最后出了事故。

加强职工素质教育就是要大力增强职工人生观、价值观和团队意识的教育，进一步增强全员的安全意识和忧患意识，让职工明确“企业兴衰，人人有责”，端正职工学习态度，注重学习方法。

首先，要加强班组成员的思想修养，使职工树立正确的人生观、世界观，保持乐观向上的健康情绪。

第二，要重视文化素养教育，使职工能够比较全面和正确地认识事物，认识自我和自我与他人的关系，自觉地进行自我控制、自我完善。

第三，要强化实践锻炼，加强学习，积累知识，开阔视野，用知识来武装和充实自己，提高自己分析问题和解决问题的能力。只有每个班组成员的自控力得到了加强，才能保证自控型班组建设的顺利开展。

2）夯实安全管理基础，是班组安全生产的重要保证

（1）建立和完善班组基本管理制度（标准）。要对班组生产现场进行规范化管理，使班组工作进入有序管理的状态，就要制订相应的管理标准。①落实生产现场管理标准化。生产现场管理必须从基础抓起，即从制订工作标准、完善工作标准和真正贯彻执行工作标准着手。②加强班组内部基础管理。建立各类基础管理台账、报表制度及工序奖惩考核办法；充分利用计算机等现代化设备，使管理更加规范合理，提高工作效率。③建立健全班组生产现场管理规章制度。围绕生产、安全、技术和思想政治工作制订各种规章制度、条例、程序、办法等，并且要规范统一，落到实处，防患于未然，使班组的安全生产“常态化”。

（2）强化班组现场安全监管力度和安全规程的执行力度。在安全管理的“严、细、实”上下功夫。班组要建立一套行之有效的防控制度，使安全教育管理、安全监督管理、分析处罚及事故后的总结形成闭环。班组长在安排工作的时候，首先要布置安全工作，把每个作业项目及安全生产的危险点分析清楚，做实措施、做细工作，真正从粗放型管理中走出来，使安全生产工作细节化、常态化、制度化。

（3）加强班组现场作业过程控制。作业过程，既是安全生产的必经程序，又是发生事故的重要环节。要确保运输生产的安全，班组现场作业过程控制就成了重中之重。①认真抓好自控、互控、监控。深入、

全面地开展自控型班组建设，提高班组、岗位的自控能力；加强班组、岗位之间的互控，营造“个体自控、群体互控”的良好环境。②带班作业与跟班作业相结合。在现场作业过程中，做到班组长带班作业，干部重点盯控，落实现场卡控“双保险”。特别是管理跨度大的车间，在各个不同的岗位上，必须有管理人员，必要时可以采取干部驻扎跟班的措施。③专业管理与重点控制相结合。坚持专业管理的基本要求和基本手段，使之贯穿于班组管理的始终。

◆学习笔记◆

6.2 铁路班组安全管理制度

1. 制订切实可行的安全管理规章制度

班组要针对铁路改革的新形势，修订、完善、班组基本规章制度，进一步明确班组在安全管理、生产管理、人事管理、财务管理、材料管理等方面的权限，使班组主体地位突出、操作运转流畅、作用发挥明显。

2. 认真抓好自控、互控、监控

深入全面地开展自控型车间、自控型班组建设，提高车间、班组、岗位的自控能力；加强班组、岗位之间的互控，营造“个体自控、群体互控”的良好环境；车间要强化监控手段，落实干部巡查制度，加强对重点岗位和关键环节的监控。采用先进科技手段，有效确保对作业过程的全方位监督。如在关键作业环节和部位安装监控采集装置，监控端安装在车间和站段安全调度室，确保监控有效，形成自控、互控、监控三位一体的现场卡控机制。

3. 带班作业与跟班作业相结合

在现场作业过程中，做到班组长带班作业，干部跟班监督，落实现场卡控“双保险”。特别是管理跨度大的车间，在各个不同的“点”上，必须有管理人员，最好是干部驻扎跟班。干部编制受限的，可以考虑选拔业务强、会管理的生产工人、技术骨干，以安全员或是技术员的身份跟班。

4. 专业管理与重点控制相结合

坚持专业管理的基本要求和基本手段，使之贯穿车间管理的始终。同时，加强对关键环节的控制，做到既突出重点，又兼顾整体。

5. 严格班组安全考核

1）加强班组干部考核

要量化班组干部到生产现场检查工作的次数和标准，明确每位干部日、周、旬、月、季、年工作重点和考核标准，使干部清楚应该管什么、怎么管、管到什么程度、管不好应承担的责任。每月对车间干部量化指标完成情况、作业发挥情况、工作成效情况进行分析考评，考评结果纳入干部晋职提级体系。

2）严格车间职工考核

针对安全管理上出现的“干惯了、看惯了、习惯了”的惯性违章，制订完善的考核机制，从严考核，杜绝“两违”现象。同时，对安全生产作出贡献的，要及时予以奖励，奖惩分明，赏罚得当。完善工资分配办法，把职工安全业绩、干部管理效果同个人收入紧密挂钩，提倡效率，注重公平，充分调动干部职工的积极性。

3）严格奖惩

从总体考核铁路局百日的安全绩效，转向具体考核运输站段、车间的百日安全绩效。立足于基层站段、立足于车间和班组自身，谁安全，谁受奖；谁出事，谁受罚。促使基层单位，特别是班组自我加压，规范管理，确保运输安全。加大百日奖励力度，考核范围内的各单位每实现一个行车安全百日时，由铁路局按奖励标准给予一次性奖励；铁路局实现行车安全百日时，全局评出 3～5 个行车安全先进单位，在全局通报表彰，并颁发行车安全先进单位流动奖杯；基层单位实现安全 1 000 天及 1 000天的倍数时，铁路局颁发安全奖杯。同时要加大惩罚力度。凡是发生影响单位安全成绩的事故或在一个百日考核期内发生 2 件及以上不影响安全成绩的责任行车一般 A 类事故，一律免发百日安全奖励，并分别按照事故责任的轻重程度扣罚责任单位 0.5%～3%的工资基数。此外，对发生其他较低级别事故的单位，视事故性质、责任区分情况予以相应经济处罚；对管理失控、工作失职、违章违纪造成较大损失，以及隐瞒事故的单位，给予一次性 5 000～50 000 元经济惩罚。总之，要突出基层的安全责任，加大奖罚力度，激励基层单位。

6. 应急管理

（1）认真执行各项制度，对违反工艺操作规程及安全生产规程的行为加以制止，直至停止其工作。

（2）做好本班组的安全运行工作，杜绝重大人身、设备、火灾、爆炸事故，并减少一般事故。

（3）一旦发生事故立即组织抢救，采取果断措施，防止事故扩大，并向有关部门报告。

（4）展开事故调查，进行事故分析，吸取教训。

模块 7
铁路班组质量标准管理

◆学习笔记◆

7.1　质量、质量管理

质量是企业竞争力的来源。铁路客运班组服务质量直接关系到铁路企业的生存与发展。

1. 质量

质量是一组固有特性满足要求的程度。可以用形容词好、差、优秀、低劣等来表述。

2. 质量的两重特性。

1）固有特性

固有特性是本来就有的、长久不变的属性。就产品质量而言，内在特性如结构、性能、精度、化学成分等，外在特性如外观、形状、色泽、气味、包装等，时间方面的特性如寿命等，均为固有特性。

2）赋予特性

赋予特性是为了适应不同需求而增加的特性，如经济性、成本、价格、使用费用、维修时间等。

3. 质量管理

质量管理指在质量方面进行指挥和控制的协调活动。

4. 质量管理的演化

1）第一阶段：质量检验阶段

19 世纪末至 20 世纪 20 年代，质量管理处于依靠特定人员的质量检验阶段，即工人既是操作者又是检验者的操作者质量管理阶段；强调工长在保证质量方面作用的工长质量管理阶段；由专门检验部门实施质量检验的检验员质量管理阶段。

2）第二阶段：统计控制质量管理阶段

20 世纪 20 年代至 60 年代，生产力进一步发展，大规模生产形成大批量产品，如何控制质量成了突出的问题。第二次世界大战开始后，战争对武器等军需品的生产质量提出了新的严格要求，将数理统计方法应用到质量管理领域成了迫切的需要。之后统计控制质量管理理念、方法从国防领域延伸到运输、保险等部门。统计控制质量管理方法的应用实现了从被动的事后把关到生产过程的积极预防的转变。

统计控制质量管理方法尽管是科学的、经济的，但也存在许多不

◆学习笔记◆

足，无法适应现代工业生产发展的需要。它是以满足产品标准为目的，不是以满足用户要求为目的；偏重于工序管理，没有对产品形成的整个过程进行控制；统计技术难度较大，主要靠专家和技术人员，难以调动广大职工参与质量管理的积极性；质量管理仅限于数学方法，常被领导层忽视，不能与组织管理密切结合。

3）第三阶段：全面质量管理阶段

20世纪60年代至今，全面质量管理理念盛行。这一概念最早由美国通用电气公司的质量总经理费根堡姆提出，1961年他出版了一本叫作《全面质量管理》的书，强调质量职能应由公司全体人员来承担，解决质量问题不能仅限于产品制造过程，质量管理应贯穿于产品生产、形成和实现的全过程，解决质量问题的方法应是多种多样的。

我国自1978年开始推行全面质量管理。

目前，又有一些新的质量管理观念出现，例如“质量经营管理”“全面质量保证”“质量生态管理”等。

◆学习笔记◆

7.2 全面质量管理

1. 全面质量管理的含义

全面质量管理即TQC（total quality control），现在国际标准化组织称它为TQM（total quality management）。

1）基本含义

全面质量管理是指在社会的推动下，企业中所有部门、所有组织、所有人员都以产品质量为核心，把专业技术、管理技术、数理统计技术集合在一起，建立起一套科学、严密、高效的质量保证体系，控制生产过程中影响质量的因素，以优质的工作、最经济的办法提供满足用户需要的产品的全部活动。

2）全面质量管理的基本观点

系统的观点，预防为主的观点，为用户服务的观点。

3）全面质量管理的基本要求

全员的质量管理，全过程的质量管理，全企业的质量管理，多方法的质量管理。概括起来就是“三全一多样”。

4）全面质量管理的实施基础

系统工程与管理（系统工程）。

完善的技术方法（控制工程）。

有效的人际关系（行为工程）。

2. 全面质量管理的基本方法

全面质量管理的基本方法可以概况为四句话十八个字，即，一个过程，四个阶段，八个步骤，数理统计方法。

1）一个过程

一个过程即企业管理是一个过程。企业在不同时间内，应完成不同的工作任务。企业的每项生产经营活动，都有一个产生、形成、实施和验证的过程。

2）四个阶段

根据管理是一个过程的理论，美国的戴明博士把它运用到质量管理中来，总结出“计划（plan）—执行（do）—检查（check）—处理（act）”四阶段的循环方式，简称PDCA循环，又称“戴明循环”。

◆学习笔记◆

3）八个步骤

PDCA 循环中的四个阶段还可以具体划分为八个步骤。

①分析现状，找出存在的质量问题。

②分析产生质量问题的各种原因或影响因素。

③找出影响质量的主要因素。

④针对影响质量的主要因素，提出计划，制订措施。

⑤执行计划，落实措施。

⑥检查计划的实施情况。

⑦总结经验，巩固成绩，将工作结果标准化。

⑧提出尚未解决的问题，转入下一个循环。

①~④处于计划阶段。

⑤处于执行阶段。

⑥处于检查阶段。

⑦、⑧处于处理阶段。

在应用 PDCA 四个阶段、八个步骤来解决质量问题时，需要收集和整理大量的资料，并用科学的方法进行系统的分析。最常用的七种统计方法是排列图、因果图、直方图、分层法、相关图、控制图及统计分析表。这套方法是以数理统计为理论基础的，不仅科学可靠，而且比较直观。

3. 职工在质量管理体系中的职责

全体职工积极参与质量管理，主要表现在以下五个方面。

（1）认真学习质量管理体系标准。

（2）积极参与质量管理体系文件的编制。

（3）认真实施质量管理体系。

（4）切实做好记录。

（5）积极参与质量管理体系的改进。

◆学习笔记◆

7.3 标准化管理

1. 标准与标准化

将企业里各种各样的规范（如规程、规定、规则、要领等）形成文字化的东西，统称为标准，或标准书。依照制订的标准付诸行动，统称为标准化。依据管理者和被管理者都认同的规矩、约定来实施管理，统称为标准化管理。

2. 标准的分类

企业为了保证与提高产品质量，实现总的质量目标而对各种经营管理活动、管理业务进行标准化管理。

按发生作用的范围分，标准可分为国际标准、国家标准、地方标准、行业标准和企业标准。

按生产过程的地位分，标准可分为原材料标准、零部件标准、工艺和工艺装备标准、产品标准等。

在标准化管理工作中，又常把标准分为基础标准、产品标准、方法标准和卫生安全标准。

3. 台账管理

基础标准是针对企业生产运作中需要协调统一的工作事项制订的标准，是以人或人群的工作为对象，对工作范围、责任、权限，以及工作质量等所做的规定。本书重点介绍基础标准中的班组台账管理。

（1）认真按规定执行台账管理制度，力求做到真实、准确、清晰填报。不随意变更台账记录方法。按上级规定填写相关资料报表。

（2）规范台账记录。做到生产组织过程中的安全注意事项等在每日早点名中均有完整体现，对检查中存在的问题及时整改并做好详细的记录。

（3）坚持每月两次的业务学习和安全分析会；坚持每月一次的业务考试、岗位练兵活动和月末总结会，及时传达上级有关文电精神并认真、准确填写会议学习台账，做到有思考、有讨论、有小结。严格按要求填写《班组综合台账》。

模块 8
铁路班组经济核算管理

◆学习笔记◆

8.1　成本管理

铁路企业生产经营效益与成本支出密切相关，铁路班组开展工作必然消耗人力、物力、财力，如何在确保服务质量的前提下，节约成本，开源节流，成为企业经济效益好坏的关键。

1. 成本、成本管理

成本属于商品经济中的价值范畴，是商品价值的组成部分。人们要进行生产经营活动或达到一定的目的，就必须耗费一定的资源，其所耗费资源的货币表现称为成本。

成本管理旨在充分动员和组织企业全体人员，在保证产品质量的前提下，对企业生产经营过程的各个环节进行科学合理的管理，力求以最少的生产耗费取得最大的生产成果。

2. 成本控制

班组的费用支出占企业生产费用的比例非常之高，企业要想控制成本，节能挖潜，降低费用的支出，就应从基层做起。而班组成本费用支出取决于两个方面。

（1）强化生产过程管理，强调员工的主人翁意识。

（2）成本的预算和控制。

3. 成本控制方法

（1）成本改进的计划。

①向上级提出口头意见及改进计划。

②准备“成本降低进度表”。

③从事本单位内各项成本改善活动的协调，并请求其他部门协助改善事项。

④监督及跟催“成本降低进度表”的实施情况。

（2）降低人工成本。

①提出构想及协助上级执行人工成本降低的措施。

②参与制订降低每月工时数的计划。

③若未达成目标，则需研究其原因，并采取相应的行动。

（3）降低直接成本。

①记录原料、物料耗用量。

◆学习笔记◆

②研究原料、物料用量增加的真正原因及其对策。

③监督原料、物料实际耗用量与计划耗用量的差异。

④将超过原计划耗用量的原因及拟采取的对策写成提案，汇报给上级。

（4）节约能源。

①寻找成本虚耗之处。

②决定是否由自己来处置或寻求他人的协助以阻止虚耗。

③监督作业人员在设备使用完毕后随手关闭电源。

（5）日常改进事务。

①改善的准备。

②确定降低成本的活动事项。

③依据问题的状况，给予改善的建议。

④积极参与改善工作。

（6）其他。

①召开会议，说明成本降低的成果。

②把握每一个机会，强化每一个作业人员的成本意识。

◆学习笔记◆

8.2 经济核算管理

铁路经济核算是指利用价值形式有计划地管理铁路企业的方法。在中国，根据铁路运输生产和铁路管理体制的特点，铁路经济核算分成国铁集团、铁路局、基层站段 3 级。

基层站段在铁路局生产财务计划的安排下，拥有自己的经营权限，担负全面完成生产财务计划的责任。基层站段拥有铁路局转拨的固定资产和流动资金；同铁路局一样，在银行开户；核算自己的支出；按一定程序，与铁路局进行清算，取得拨款，补偿支出，并计算盈亏（节约或超支）。基层站段只担负铁路运输业务的一部分工作，不能独立地生产完整的运输产品，所以不是完整的经济核算单位，而只是经济核算单位的组成部分。可是，基层站段又不同于一般工业企业内部的车间，其须定期编制会计报表，并有对外开展经济业务的权限。这种状况是由铁路基层站段的生产特点和经济地位决定的。

基层站段的车间和班组，在管理体制上，不是一级经营单位。车间、班组的经济核算对本车间、班组的生产活动在数量、质量、安全，以及工时、材料、燃料、工具等消耗方面进行核算和分析。每日或定期将核算结果和计划进行对比，得出节约或超支的结论，拟订挖掘潜力的措施。

做好经济核算管理的措施如下。

1. 发挥站段职能部门的指导、监督、把关作用，为班组核算打好基础

1）把好材料采购计划审核关

有些车间、班组领料没有计划性，盲目申报材料采购计划，往往造成材料大量积压，影响资金周转。应规定除仓库正常补充库料外，其他的申报进料计划必须由各科目负责人先审核，衡量自己负责的科目费用的承受能力。较大项目的进料申报计划须经主管段长审批，同时规定用料部门、班组不得直接向厂家、经销商申报进料计划，由材料室统一归口办理，防止产生材料差价漏洞。

2）把好材料采购价格质量关

将物资采购业务向市场开放，材料厂、配件厂会参与竞争。难免会有部分厂家采取不当手段，参与市场竞争。这就要求材料采购员提高自

◆学习笔记◆

身素质，及时掌握市场信息，多渠道了解料源价格。坚持货比三家、价比三家的购料原则。

3）把好材料发放关

材料发放实行上下互控，环环相连，严格落实定额和限额发放制度。车间每月 24 日要将次月的工作量及每班组费用填在领料本上发给班组，班组凭限额领料本到材料室领料，并实行“双卡死”制度。规定领料本上有定额、有金额的才能发料。原则上有定额无金额或有金额无定额都领不到料。确实因生产急需，另做特殊处理。通过这个方法，实现一些可领可不领的料不领，可多领可少领的料少领。管库员不得任意增加数量和超金额发放。同时还严格控制材料发放，材料发放须经车间主管主任审批。手续不全时，一律不准发料，违反者给予处罚。

4）把好修旧利废关

修旧利废是降低成本的重要措施。站段会陆续报废设备，但仍有大量的旧配件可以继续使用。为了利废为宝，应制订修旧利废管理办法。将能利用的配件拆卸，材料室负责保管调配，并根据旧料数量及时与一些配件厂、材料厂联系，调整年度、季度进料计划，使能用的旧配件继续发挥作用。

2. 发挥车间管理作用，增加班组核算透明度

成本控制的微观管理应在班组实施。发挥班组一级的成本管理作用显得十分重要，这也是适应现代化管理，一级抓一级，一级对一级负责，提高工作效率的有效方法。在推行班组经济核算工作中，为了最大限度地发挥班组一级的管理作用，站段可实行针对车间的“三放权”。

1）定额放权

允许车间在不突破段下达的总定额的前提下，根据具体生产情况自行调整每班组的定额。给车间成本管理注入活力，使车间在具体的操作过程中能根据客观实际情况有针对性地调整班组的定额。班组通过努力，控制用料，加强管理，达到节约的目的。

2）考核放权

根据段经济核算的总要求，车间有权对班组个人进行考核。通过分析总结，可以及时调整定额误差，使定额更具有科学性、可行性和安全性。

3）奖惩放权

车间除利用自留奖金对核算搞得好的班组、个人进行奖励外，还可

◆学习笔记◆

以向段申请奖励。对违反核算规定的，车间有权处罚。

3. 发挥班组全员作用，调动职工当家理财积极性

班组经济核算是加强班组管理的一项重要内容，是实现铁路企业提质增效，压缩成本的一项关键性工作。要搞好班组的经济核算，调动职工当家理财积极性，就要做到“三坚持”。一是坚持抓教育，增强成本意识。给职工讲清当前铁路面临的严峻形势。市场竞争是无情的，铁路在运输市场面临巨大的竞争压力，运输成本递增，效益滑坡，这就意味着生存与发展的危机正在一步一步逼近。要求职工从讲政治、讲大局的高度来认识强化经营管理责任感和紧迫感的意义。二是坚持抓骨干，发挥好带头作用。班组长、经济核算员既是班组的生产主力，也是班组的管理者。在开展班组经济核算工作时，必须注重发挥班组骨干作用，要求车间每月必须定期召开班组骨干会议，研讨各班组核算情况，帮助他们解决具体实际问题。三是坚持抓全员，发挥群体作用。成本节约是一项全员性工作，必须树立“全员参与”的意识。从节约一度电、一滴水、一滴油、一颗螺丝做起，实现“人人讲节约、处处拾废料”。职工主动当家理财，精打细算，一定会取得较好的经济效益。

模块 9
铁路班组学习培训管理

◆学习笔记◆

9.1　构建学习型班组的重要性

随着铁路新技术、新装备的不断应用，构建积极向上的学习型班组，不仅是提升职工内在素质的迫切需要，也是保障铁路安全运行的客观要求。

1. 学习型组织的概念

学习型组织是指通过培养弥漫于整个组织的学习气氛，充分发挥员工的创造性思维能力而建立起来的一种有机的、高度柔性的、扁平的、符合人性的、能持续发展的组织。

2. 学习型组织的特征

组织成员拥有一个共同的愿景。组织由多个创造性个体组成，他们善于不断学习，自主管理。组织的边界将被重新界定。员工能做到家庭与事业的平衡。

3. 学习型组织的真谛

（1）学习是为了保证企业的生存，使企业组织具备不断改进的能力，提高企业组织的竞争力。

（2）学习是为了实现个人与工作的真正融合，使人们在工作中活出生命的意义。

4. 学习型班组的含义

学习型班组是以学习型组织理论为指导，养成“善于通过学习解决问题”的习惯，具有“善于通过学习解决问题”的能力的班组。学习型班组是能使班组成员全身心投入学习的班组，是能让班组成员体会到学习在工作中的价值和意义的班组，是能够把学习力转化为创造力的班组。

5. 构建学习型班组的意义

（1）培养学习型组织是企业参与竞争的必然选择。随着知识经济时代的到来，企业之间的竞争越来越表现为员工素质的竞争。只有具备高素质的员工，才能形成高素质的企业，而员工的高素质，在很大程度上取决于其学习能力。从这个意义上说，在新的时代，企业竞争的实质是学习能力的竞争。打造学习型企业，鼓励员工不断学习，更新知识结构，最大限度地发挥自己的智力，是企业参与知识经济时代竞争的必然选择。

◆学习笔记◆

（2）培养学习型组织有利于提高企业能力。企业能力是企业持续发展的内在动力，企业地位因企业能力而得以不断重新确立和巩固。企业能力是建立在企业素质和企业组织结构的基础之上的。企业素质是一个企业的根本优势之所在，而持续的学习、修炼有利于企业素质的培养和提高。也就是说，把企业培养成一个学习型组织，将有利于企业顺应形势的不断变化，不断提高应变和抵御风险的能力，使企业能主动地从外部获取准确而及时的信息和知识，迅速调整自己的内部结构以适应环境的变化。

加强学习型班组建设，要着力打造良好学习环境。偏远工区的职工，由于所处工作环境闭塞艰苦，闲暇无所事事，常以打牌等方式消磨时光，养成了不良的习惯。要扭转班组学习的被动局面，除了激发职工的学习热情外，各级组织要在改善职工学习、生活条件上下功夫，通过建立文化室、书屋等，丰富班组的业余文化生活，让书籍成为职工的良师益友，努力营造班组崇尚知识、热爱学习的浓厚氛围。

加强学习型班组建设，要着力发挥班组长作用。班组长作为班组的领头羊，是班组日常学习、工作的发动者、组织者。因此，在加强班组建设的过程中，特别是在构建学习型班组的过程中，应有明确的学习目标和有效的推进措施。同时，班组长要发挥带头表率作用，在学习上严要求、业务上高一格，组织带领班组职工深钻细研业务知识，大力开展岗位练兵，积极破解现场作业难题，全面提高班组整体专业技能水平。

加强学习型班组建设，要着力强化党支部的组织引领。打造一个敢打硬仗、能打胜仗的学习型班组，需发挥基层一线党支部的组织作用。为此，班组党支部要利用好其处于运输生产“前沿”的阵地优势，抓好“三会一课”、党员日常政治理论学习等时机，激发班组全体职工学习政治理论、掌握专业技能的热情，并通过举办党员立标、对标、学标、达标等技能竞赛，形成班组“比学赶帮超”的工作态势，推动学习型班组建设，当好运输安全生产的排头兵。

◆学习笔记◆

9.2 构建学习型班组的方法

1. 高度重视员工的培训

很多成功的企业，有一个共同的特点，就是十分重视员工的学习，在员工培训上投入大量的人力和资金，努力使企业成为学习型企业。高度重视员工的培训，正是这类企业成功的关键所在。

2. 重新定位领导的角色

培养学习型组织，必须把领导者的角色进行重新定位。领导者不再是单纯的企业管理决策人员，而是整个组织的设计师、“公仆”和教师。

设计师，是指领导者必须对组织要素进行整合，而不再仅仅是设计组织结构、政策和策略，更重要的是设计组织发展的基本理念。“公仆”，是指领导者必须具有实现企业共同愿望的使命感，要自觉地接受共同愿望的召唤。教师，是指领导者要把掌握真实情况作为自己的首要任务，要协助员工对真实情况进行正确、深刻的把握，提高员工对组织系统的了解能力，促进每个人的学习。

3. 把学习作为一种可持续的行为

进入知识型社会，知识的积累和更新必须得到高度的重视，这就要求企业不仅要重视短期培训，更要把学习作为一种可持续的行为，渗透于整个企业的经营管理过程。“可持续的学习”应该包括以下几个方面：一是系统地从研究项目和产品开发中学习；二是真正把客户当作企业共生生态系统的一部分，成为获取信息的外源；三是加强组织成员之间的联系，实现资源有效共享。“可持续的学习”把员工接受培训的空间释放到组织的每个角落，使员工实现随时、随地学习。

4. 树立企业共性与员工个性统一的企业文化氛围

良好的企业文化氛围是建设学习型组织的重要条件，它可以使企业上下树立起共同的价值观念和价值取向，做到企业共性与员工个性的统一。作为企业文化建设的重要内容，企业共性与员工个性的统一是在尊重员工个性的前提下，使员工的个性融入企业共性中，为企业发展服务。

企业共性与员工个性统一的实现过程，是一个学习的过程。只有重

◆学习笔记◆

视学习，才有可能统一企业员工的思想，建立共同的愿望，树立共同的价值观念，形成员工共同认可的目标，发挥每一个人的力量，把个人利益同集体利益相融合，使企业员工与企业做到生死与共，增强企业的凝聚力。

培养学习型组织远不止上面提及的内容，它贯穿整个企业的发展过程。学习始终是企业生命的源泉，未来真正出色的企业，将是学习型企业。因此，现代企业应把培养学习型企业作为一项战略性目标。铁路企业经营管理者要解放思想，创新观念，充分认识创建学习型组织对于铁路企业前途命运的决定性作用，努力把铁路企业塑造成学习型组织。

参考文献

[1] 范恩辉，隋东旭. 高速铁路运输企业管理. 北京：北京交通大学出版社，2018.

[2] 刘辉. 铁路职业意识与素养. 北京：北京交通大学出版社，2021.